Knopp: Hurra, wir haben Pferde

KRISTINA KNOPP

Hurra, wir haben Pferde

ISBN 3 536 01808 4
1. Auflage 1988
Umschlagfoto: Siglinde Knopp-Simon

Goldstern und Lisa

„Und jetzt?“ Die 13jährige Karin Berrin schlug mißmutig den Striegel gegen die Wand. Seit Wochen schon versuchte sie und ihre zwei Jahre jüngere Schwester Astrid die Eltern zum Kauf eines eigenen Pferdes zu bewegen, doch bisher war alles schiefgegangen. Dabei hätten sie die Voraussetzungen dafür sich um die Pflege eines Pferdes zu kümmern. Schließlich halfen sie seit geraumer Zeit im Reitstall des Herrn Möller bei allen vorkommenden Arbeiten und durften sogar schon Schulpferde reiten.

„Wir probieren es halt noch einmal. Aber laß deine Wut jetzt nicht an der Wand aus. Wir müssen die Pferde satteln, sonst kommen wir zu spät in die Reitstunde.“

Das wirkte, und bald waren die Schwestern in der Bahn. Sie ritten diesmal Patrick und Salomo, zwei wirklich gute Schulpferde, um die sie viele beneideten. Astrid durfte an die Tete, Karin lenkte Patrick an die zweite Stelle.

Nach der Reitstunde sattelten sie die Pferde ab bevor sie zunächst die Hufe fein sauber ausgekratzt hatten. Dann führten sie die Pferde zurück in die Box.

„Hallo, ihr zwei!“ kam plötzlich eine bekannte Stimme aus Richtung Stallgasse.

„Mama, Papa! Was macht ihr denn hier?“ fragte Karin erstaunt.

„Wir haben euch beim Reiten zugeschaut. Es klappt ja schon prima. Herr Möller ist auch zufrieden.“ Der Vater lachte und zwinkerte seinen Töchtern zu.

„Ahaaa . . . . . .“ Die Mädchen wußten nicht, was sie

von der Sache halten sollten. „Wann habt ihr denn mit dem Reitlehrer gesprochen? Er hat doch kaum Zeit?“

„Für ein paar Fragen hat er sich die Zeit genommen . . ., zum Beispiel, ob eine gewisse Karin und Astrid gut genug sind, um mit einem eigenen Pferd zurechtzukommen“, lächelte die Mutter.

Die Schwestern waren außer sich. „Wir? Meint ihr im Ernst . . .? Wir bekommen ein Pferd? Warum so plötzlich?“

„Die Überraschung ist gelungen!“ meinte der Vater zufrieden und redete gleich weiter. „Euer Reitlehrer meinte, ihr würdet es tatsächlich schaffen, ein eigenes Pferd zu versorgen. Er scheint euch einiges zuzutrauen. Vor allem auf Astrid hält er große Stücke in bezug auf Pferdepflege, während du, Karin, die bessere Reiterin bist.“

Die beiden Mädchen standen rot vor Stolz neben ihren Eltern.

„Bekommen wir wirklich ein Pferd?“

„Nein.“

„Aber . . . ihr habt doch eben noch gesagt . . .“ Verständnislos blickte Astrid von einem zum anderen.

„Herr Möller sagte, wenn ihr ein Pferd hättet, würde es ja doch nur Streit geben, außerdem ließen wir euch auch nicht alleine ausreiten. So haben wir beschlossen, euch zwei Pferde beziehungsweise Ponys zu kaufen.“

„Juchhu!“ schrien Astrid und Karin. Dann umarmten sie ihre Eltern. „Danke!“

„Nun aber mal langsam. Ihr müßt euch darüber im klaren sein, daß ihr eure Tiere jeden Tag versorgen müßt. Dazu gehört um sechs Uhr aufstehen und füttern, nachmittags bewegen, ausmisten, putzen usw. Außerdem erwarte ich weiterhin gute Noten in der Schule, denn die geht immer noch vor."

„Stellen wir die Pferde nicht im Stall von Herrn Möller unter?"

„Nein. Das wäre viel zu teuer und außerdem zu weit. Wir werden sie bei einem Bauer in der Nähe unterstellen. Und noch etwas: Zum Geburtstag und Weihnachten gibt es nur Geschenke, die für die Ponyausstattung erforderlich sind, wie Reitkappe, Zaumzeug, Sattel mit Decke und eine Reitgerte.

„Von mir aus könne se die Gäul schon in den alten Stall stelle, aber der is nimmer so gut in Schuß, und ganz umsonst würd ichs ochnet mache", sagte der alte Bauer und schaute die Mädchen aufmerksam an.

„Ich dachte mir das so", mischte sich jetzt der Vater ins Gespräch. „Sie stellen uns Stall und eine Weide zur Verfügung und wir bezahlen ihnen dafür monatlich ungefähr 150 DM. Dafür müßten sie das Stroh und Heu liefern, was die Tiere brauchen im Winter. Im Sommer haben sie ja Weidegang."

Bedächtig wiegte der Bauer den Kopf, meinte aber dann: „Für 170 bin ich einverstanden, wenn ich wirklich keine Arbeit habe. Komme se, ich zeig ihne mal den Stall und die Weide."

Es stellte sich heraus, daß man den Stall gründlich reinigen und die Wände neu streichen mußte, ehe man die Pferde einstellen konnte. Zwei kleine Boxen ließen sich aber ohne weiteres einbauen. Die Weide war gerade für zwei Ponys ausreichend. Der Zaun war stabil und noch recht neu. Da gab es keine Bedenken.

„Okay, wir nehmen ihr Angebot an", erklärte der Vater und reichte dem Bauern die Hand.

„Is schon gut, aber des mir die Mädels keinen Ärger machen!"

„Bestimmt nicht, Herr Schneckes!" sagte Karin schnell.

Nachdem die Stallfrage geklärt war, gingen die Mädchen mit Feuereifer an die Arbeit: sie reinigten gründlich den Stallboden und weißelten die Wände. Nur der Sockel wurde braun gestrichen. Nun fehlten nur noch die Trennwände, damit jedes Pony seine eigene Box hatte.

Nun konnten sich die Mädchen endlich nach den Pferden umsehen. Der Reitlehrer hatte den Vorschlag gemacht, Kleinpferde zu kaufen, da diese leichter zu halten seien, womit sich die Schwestern einverstanden erklärten. So wurde eifrig im Anzeigenteil einiger Fachzeitschriften geblättert, ob bei den Angeboten etwas Passendes zu finden war.

„Hier, das wäre doch etwas: ‚Gut ausgebildete Haflingerstute, 7jährig, Vater Komet, für 3000 DM zu verkaufen. Tel. 00 62/7 773'!"

„Stimmt. Das könnten wir uns mal ansehen", meinte Karin daraufhin.

Der Vater meldete sie telefonisch an, und am nächsten Tag fuhr die ganze Familie zu dem Stall, wo die Haflingerstute stand.

„Hier könnte es sein", sagte Astrid und spähte nach draußen. Tatsächlich – auf einer Weide neben dem Haus graste das Pferd. Alle stiegen aus, und die Mädchen sahen sich die Stute genau an.

„Sie hat unheimlich dicke Beine", kritisierte Karin und Astrid meinte: „Das Langhaar ist viel zu dünn."

Nachdem der Besitzer hinzugekommen war und „Sinderella“, so hieß das Pferd, ein paar Runden geritten hatte, war man allgemein der Ansicht, daß das nicht das richtige Pferd für die Mädchen war. Also ging die Suche weiter, aber es war, wie sich herausstellte, schwer, ein passendes Pferd zu finden.

Die Geschwister hatten die Hoffnung schon fast aufgegeben, da entdeckte Astrid in der Tageszeitung eine fettgedruckte Anzeige: „Am 27. 4. werden in Koblenz 20 aus Belgien importierte Pferde u. Kleinpferde versteigert!“

„Was meinst du, Karin, da müssen wir doch hin!“

„Natürlich!“ Die Mädchen schöpften neue Hoffnung und warteten ungeduldig auf den 27. April.

Endlich war es soweit. Alle fuhren nach Koblenz und mischten sich unter die wenigen Kauflustigen. Auf einer großen Wiese konnte man sich die Pferde anschauen. Auch einige Kleinpferde waren dabei. Astrid und Karin nickten sich zu. Hier konnten sie ihre Traumpferde finden! Doch das war leichter gesagt als getan. Die Kleinpferde waren durchweg in einem unmöglichen Zustand. So blieb dann nur noch eine kleine Auswahl von drei Pferden. Astrid hatte sich in eine junge Norweger-Stute verliebt, die einen guten Eindruck machte. Der Reitlehrer, den man als „Pferdekenner“ mitgenommen hatte, hielt sie für „ein gutes, braves Pferdchen“. So stand dem Kauf nichts mehr im Wege und bald war der Handel perfekt.

„Wie willst du sie denn nennen?“ fragte Karin. „Vielleicht Nummer 16, wie es in dem Verkaufskatalog steht?“

„Darüber habe ich noch gar nicht nachgedacht", bekannte Astrid zögernd. Aber dann hellte sich ihr Gesicht. „Lisa! Das ist ein kurzer, netter Name und er paßt zu ihr."

Auch die anderen fanden die Idee gut, die 5jährige Stute auf den Namen Lisa zu taufen. Astrid trat zu ihrer Stute und streichelte sie. „Jetzt gehörst du mir, meine Lisa." Das Pferd schnaubte und schnupperte an ihrer Tasche, ob da nicht vielleicht ein Zuckerstück versteckt wäre. Sie wurde nicht enttäuscht.

„Karin, möchtest du auch einen von diesen Norwegern?" fragte der Vater freundlich. Aber Karin schüttelte den Kopf. „Lisa ist ein feines Pferd", sagte sie leise, „aber ich möchte keinen Norweger. Und die anderen Pferde sind nichts für mich." Sie sah die Eltern traurig an. „Ich werde wohl nie ein Pferd finden."

„So darfst du nicht reden!" rief Astrid und umarmte die ältere Schwester. „Du findest bestimmt bald das Richtige! Verliere jetzt bloß nicht den Mut!"

Der Reitlehrer klopfte dem Mädchen aufmunternd auf die Schultern. „Nur nicht aufgeben! Astrid hat recht. Du wirst auch einmal dein Traumpferd finden!"

Schon zum hundertsten Male rannte Astrid auf die Straße. „Ich verstehe das einfach nicht! Wo nur der Transporter bleibt! Sie werden Lisa doch nicht gestohlen haben?"

„Aber nein!" Karin lachte. „Wir haben doch noch über eine halbe Stunde Zeit! Du brauchst dich nicht so aufzuregen! Schau lieber noch mal nach, ob auch alles in Ordnung ist!“ Die Mädchen liefen in den Stall zurück und kontrollierten, ob der Wassereimer gefüllt, die Box gut eingestreut und alles an seinem Platz war.

„Wo sie nur bleibt . . .“ fing nun auch Karin an. Sie war jetzt, nachdem sie den Neid überwunden hatte, genauso gespannt auf die Norwegerstute der Schwester.

Endlich war das Brummen eines Transporters zu hören. Bald schon bog der Wagen auf den Hof und hielt vor der Stalltür. Astrid ließ es sich nicht nehmen, ihre Lisa selbst herauszuführen. Die Stute trat mit gespitzten Ohren ins Freie. Sie wieherte leise und schien etwas enttäuscht darüber, daß sie keine Antwort erhielt. Aber als Astrid beruhigend auf sie einsprach, wendete Lisa den Kopf und schnaubte. Das Mädchen strahlte.

Karin, die zugesehen hatte, wurde wieder etwas neidisch.

„Achwas“, dachte sie, „irgendwann bekomme ich auch ein Pferd!“ Aber sie wußte genau, daß sie nicht irgendwann, sondern jetzt ein Pferd haben wollte.

„Ist Lisa nicht herrlich?“ riß Astrid sie aus ihren Gedanken.

„Natürlich.“ Mit einem etwas gezwungenen Lächeln klopfte Karin der Stute den Hals.

Astrid merkte in ihrer Freude nichts von den Gefühlen der Schwester. Sie brachte ihre Norwegerin in die vorbereitete Box und wachte den ganzen Nachmittag über sie. Auch beim Abendessen drehte sich das Gespräch um Lisa.

„. . . und dann hat sie mich beschnuppert!“ erzählte Astrid freudestrahlend.

„Das wissen wir langsam!“ meinte Karin gereizt.

Astrid sah sie erschrocken an. „Es tut mir leid. Ich . . . ich hätte wissen müssen, daß es dir wehtut. Aber warte ab", Astrids Stimme wurde wieder herzlich, „wir werden nicht eher ruhen, bis du auch ein Pferd hast!"

Dankbar drückte Karin die Hand der kleinen Schwester. „Wie konnte ich nur neidisch sein!" warf sie sich selbst vor. „Ich wußte doch, daß Astrid ihr Pony mit mir teilt, bis ich auch ein eigenes habe!"

Am nächsten Morgen wurden die Mädchen durch ein schrilles Geläut geweckt. Mit einem Satz waren sie aus den Betten und im Bad. Zehn Minuten später rannten die Schwestern zum Stall.

Lisa wieherte ihnen nicht entgegen, aber sie sah die Geschwister erwartungsvoll an.

„Lisa!" sagte Astrid zärtlich. Karin war schon dabei, die Krippe mit Hafer zu füllen, worauf Astrid erschrokken rief: „Nicht! Sie muß erst trinken!" Ärgerlich biß Karin sich auf die Lippen. Daß sie das vergessen hatte! Zum Ausgleich half sie der Schwester, den schweren Wassereimer von der Pumpe im Hof in die Box zu schleppen. Nachdem Lisa ihren Durst gelöscht hatte, bekam sie eine Portion Hafer und etwas Heu.

„Schade, daß wir in die Schule müssen! Ich würde am liebsten heute Halsschmerzen bekommen", meinte Astrid.

Karin gab ihr recht. „Ein Pferd ist doch tausendmal interessanter als Mathe oder Englisch."

„Komm jetzt, sonst kommen wir zu spät und verpassen den Bus. Dann werden wir Lisa bald wieder weggeben müssen. Vater hat ja gute Noten verlangt."

Karin sah Astrid an. Die Schwester hatte ganz selbstverständlich wir gesagt in bezug auf Lisa. Das hätte Karin nicht gekonnt.

Astrid und Karin waren heute sehr unaufmerksame Schülerinnen. In der Pause erzählten sie ihren Freundinnen von ihrem Glück. Manche zuckten nur die Schultern, andere waren neidisch, aber einige freuten sich auch mit den Geschwistern. Diese wenigen luden die Schwestern für den Nachmittag zum Stall ein.

Endlich war der Unterricht vorbei und Astrid und Karin konnten noch vor dem Mittagessen ihrer geliebten Lisa einen Besuch abstatten.

„Ist sie das?“ „Mein Gott, wie süß!“ „So eins hätte ich auch gern!“ „Ihr Glückspilze!“ So und so ähnlich tönte es. Ursula, Ingrid, Michaela und Sabine waren pünktlich gekommen und ganz begeistert von Lisa. Aber diese hatte anscheinend etwas gegen die vielen Kinder. Jedenfalls drehte sie sich um und schlug ein paarmal kräftig aus. Erschrocken wichen die Mädchen zurück. Astrid entschuldigte ihr Pferd: „Sie hat sich noch nicht eingewöhnt. Vielleicht kommt ihr morgen wieder? Ich möchte nicht, daß sie sich so aufregt.“

Enttäuscht verließen die Klassenkameradinnen den Stall. Karin atmete auf. „Wir hätten sie nicht einladen dürfen. Sie verstehen nichts von Pferden.“

„Stimmt“, gab Astrid ihrer Schwester recht. „So ein Mist, daß es regnet! Ich hätte Lisa so gerne ausprobiert!“

„Es ist sicher nur ein Schauer. Aprilwetter! Sieh nur, es hört schon wieder auf!“

Lisa hatte sich wieder beruhigt, und so stand einem Reitversuch nichts mehr im Wege. Die Mädchen putzten die Stute, dann wurde sie vorsichtig gezäumt. Einen Sattel hatte Lisa noch nicht, Astrid sollte ihn erst in einigen Tagen bekommen. So führten die Mädchen das Pony auf die Weide, die sie gleichzeitig als Reitplatz benutzen wollten. Die Norwegerstute tänzelte hin und her, Astrid hatte alle Mühe, sie festzuhalten. Dann ging es ans Aufsitzen. Karin sah ein, daß ihre Schwester Lisa zuerst besteigen wollte und fand sich damit ab. Die Stute bekam einen Apfel und stand still, bis Astrid oben war. Dann wandte sie erstaunt den Kopf, als wolle sie sagen: „Nanu, was machst du denn da?“

Astrid klopfte ihr den Hals und legte die Schenkel eng an den warmen Pferdeleib. Lisa ging zögernd vorwärts.

„Sie scheint noch nicht oft geritten zu sein!“ meinte Astrid etwas enttäuscht. Aber es zeigte sich, daß die Stute nach ungefähr 10 Minuten besser wurde.

„Sicher ist sie es nicht gewöhnt, ohne Sattel geritten zu werden“, vermutete Karin. Nach einer halben Stunde durfte sie auch aufsitzen. Die Stute war brav und ließ sich leicht vorwärts treiben. Sie brauchte noch deutliche Hilfen, anders als die Schulpferde, die alles von selbst machten.

„Wie findest du sie?“ fragte Astrid gespannt.

„In Ordnung. Sie ist weich im Maul und hat einen guten Gang“, antwortete Karin.

Die Schwestern führten Lisa in den Stall zurück und nahmen ihr den Zaum ab. Astrid legte ihr das Halfter an, dann durfte die Stute bis zum Abend auf der Weide grasen. Die Mädchen misteten unterdessen den Stall aus. Die Schulaufgaben hatten sie zum Glück schon gemacht.

Eine Woche war vergangen, und Karin hatte immer noch kein Pferd. Ein Kollege des Vaters hatte ihnen die Adresse eines Camarguepferde-Gestüts gegeben, zu dem sie heute fahren wollten. Der Weg führte über Landstraßen zu einem alten Bauernhof mit riesigen Koppeln.

„Hier ist es bestimmt!" rief Karin aufgeregt. Sie hatte einige weiße Pferde entdeckt. Der Vater parkte den Wagen auf dem Hof. Links befand sich ein offener Schuppen, der den Pferden anscheinend als Unterstand diente. Ein Stall oder ein Reitplatz war nicht zu entdecken.

Nun öffnete sich die Tür des Bauernhauses, und eine junge Frau trat heraus. „Also habe ich doch richtig gehört! Herzlich Willkommen auf der ‚Weißen Farm'!"

„Guten Tag."

„Möchten sie erst ins Haus kommen zu einer Tasse Kaffee oder lieber gleich dic Pferde anschauen?"

„Die Pferde, bitte!" platzte Karin heraus, was ihr einen mißbilligenden Blick des Vaters eintrug. Doch die Frau schien nichts davon bemerkt zu haben.

„Dann kommen sie! Die Tiere sind alle auf der großen Koppel am Wald. Wir werden etwas laufen müssen."

Nach einem kleinen Fußmarsch erreichte die Gesellschaft eine riesige Weide. Die Frau pfiff einmal kurz und schrill, und schon tauchte eine etwa 30köpfige Herde auf. Die Tiere galoppierten in einem atemberaubenden Tempo, allen voran ein herrlicher Hengst. Es war ein kleines, kräftiges Pferdchen mit dichtem Langhaar. Den feinen Kopf zierte eine Blesse. Karin hätte nie gedacht, daß das bei Schimmeln möglich sei, aber nun sah sie es. Das Abzeichen war so rein weiß, daß es deutlich vom übrigen Fell abstieß. Mähne und Schweif waren fahlblond.

Karin durchfuhr es heiß: Das war ihr Traumpferd! Diesen Hengst mußte sie haben!

Ausgerechnet da sagte die Frau neben ihr: „Das ist Goldpeter, der Leithengst. Der ist natürlich unverkäuflich."

Karin machte ein so enttäuschtes Gesicht, daß die Frau hell auflachte: „Er gefällt dir wohl sehr gut? Aber auf ihn mußt du verzichten. Wie wäre es mit seinem Sohn, Goldstern? Sieh, das Pferd hinter der fast gelben Stute ist es!"

Karin besah sich das Pferd. Es glich Goldpeter aufs Haar, nur die Blesse fehlte. Dafür hatte Goldstern einen großen weißen Fleck zwischen den Nüstern.

„Er gefällt mir fast noch besser als sein Vater! Kann man ihn mal aus der Nähe betrachten?"

„Natürlich. Warte, ich fange ihn dir aus der Herde heraus." Nach einiger Zeit gelang es der Frau tatsächlich, den jungen Hengst von seinen Artgenossen zu trennen. „Wir wollen ihn sowieso verkaufen, weil er Goldpeter den Rang streitig macht. Aber er eignet sich gut als Reitpferd. Seine Abstammung ist bestens."

Karin konnte nur nicken. Ja, dieses Pferd hatte ihr Herz gestohlen.

Der Reitlehrer, der natürlich mitgekommen war, sah die Sache mit ganz anderen Augen: „Ich glaube nicht, daß ein Jungpferd, noch dazu ein Hengst, das richtige für dich ist, Karin. Schau mal, ein 4jähriges Pferd, das die meiste Zeit frei auf der Koppel herumgesprungen ist . . ."

„Goldstern ist durchaus ordentlich ausgebildet", warf die Frau ein. „Meine Tochter hat ihn schon geritten, er ist sehr gelehrig."

„Da hören sie es!“ rief Karin erleichtert. „Ich werde schon mit ihm zurechtkommen.“

Sie durfte auf dem Hengst aufsitzen, während der Reitlehrer das Pferd führte. „Das ist was anderes als Lisa oder ein Schulpferd!“ strahlte sie.

Morgen sollte Goldstern seinen Einzug halten.

Daß der Hengst Mucken hatte, zeigte sich schon bei seiner Ankunft. Er war durch nichts zu bewegen, den Transporter zu verlassen. Erst als Lisa ihm vom Stall aus zuwieherte, sprang er mit einem Satz auf den Hof und riß Karin beinahe um.

„Puh, das wäre geschafft!“ seufzte Astrid erleichtert und reichte Goldstern ein Zuckerstück.

„Ja, ich bin auch froh, daß wir ihn draußen haben“, meinte ihre Schwester, nachdem das Pferd endlich wohlverwahrt in seiner Box stand und der Transporter abgefahren war. „Ich möchte ihn gleich reiten, kommst du mit?“

„Willst du nicht lieber noch bis morgen warten?“ fragte Astrid bedenklich, „dann hat er sich eingewöhnt.“

„Da hast du recht. Ich habe wirklich nicht die Absicht, ihn gleich am ersten Tag zu verderben. Aber morgen wird es dann ernst!“

Der nächste Tag war ein schulfreier Samstag. Die Schwestern waren schon früh im Stall, fütterten und misteten aus. Am Nachmittag wollten sie einen Ausritt machen.

Astrid nahm ihren neuen Sattel und legte ihn vorsichtig auf Lisas blankgeputzten Rücken. Die Stute stand still und ließ den Kopf etwas hängen. Ganz anders Goldstern. Er wollte und wollte nicht ruhig stehenbleiben. Das Zaumzeug ließ er sich schon gar nicht anlegen. Astrid hatte Lisa schon längst fertig, als es Karin endlich gelang, den Sattelgurt strammzuziehen. Auch die Trense schaffte sie schließlich und endlich standen die beiden Pferde gesattelt und gezäumt auf dem Hof. Die Mädchen schwangen sich in die Sättel und ritten im Schritt los.

„Wohin reiten wir jetzt?“ fragte Astrid.

„Ich würde sagen durch den Wald zum alten Sportplatz. Da wissen wir genau den Weg und außerdem können wir überall reiten.“

Das war ein guter Vorschlag, und bald war die Aufregung von ihnen gewichen. Der alte Sportplatz lag etwa einen Kilometer entfernt mitten im Wald. Einige herrliche Wege führten dorthin. Lisa schritt ruhig voran, auch Goldstern war recht brav. Er scheute nur ein paarmal vor Vögeln oder einem Busch. Karin merkte bald, daß sie sich auf ihrem Pferd nicht so entspannen konnte wie Astrid das auf Lisa tat, denn dann hätte der Hengst sie sofort abgeworfen.

„Galoppieren wir mal?“ Astrids Augen glänzten, ihr machte der Ritt großen Spaß. Karin stimmte dem Wunsch ihrer Schwester zu, nach einem Galopp würde Goldstern vielleicht ruhiger sein.

Die Mädchen preßten ihren Pferden die Schenkel in die Seiten und bald jagten die Tiere über den Waldboden. Lisa hielt in der ersten Zeit das Tempo von Goldstern mit, aber bald fiel sie zurück. Karin wollte ihr Pferd zügeln, doch der Hengst legte die Ohren zurück, keilte ein paarmal so kräftig aus, daß sie beinahe herunterflog und raste mit unverminderter Geschwindigkeit weiter. Karin wurde es heiß und kalt. Schon beim ersten Ritt ging ihr das Pferd durch! Sie versuchte sich daran zu erinnern, was der Reitlehrer in einem solchen Fall geraten hatte: Immer kleinere Kreise zu reiten. Nur ging das hier nicht besonders gut, weil ringsherum Bäume waren. Sonst sollte man kräftig die Zügel nach unten nehmen. Karin probierte auch das aus, und siehe da, Goldstern wurde langsamer. Sie wiederholte diese Methode und hatte den Hengst bald wieder in ihrer Gewalt. Mit zitternden Knien wartete sie auf Astrid, die in raschem Trab herankam.

„Wieso bist du mir abgehauen?" fragte sie anklagend.

Karin überlegte. Die Schwester schien nicht bemerkt zu haben, daß das Pferd durchgegangen war. Warum sollte sie es also zugeben? Es brauchte ja nicht jeder zu wissen, welche Schwierigkeiten sie mit dem Tier hatte. „Ich hatte solche Lust, zu galoppieren, da habe ich ihn einfach laufen lassen. Es tut mir leid." Daß es nie wieder vorkommen würde, traute sie sich nun doch nicht zu sagen. Nun tauchte der Sportplatz vor ihnen auf.

„Reiten wir über das Sägewerk zurück?"

„Meinetwegen." Karin verspürte wenig Lust, den Umweg über das Sägewerk zu nehmen, aber um nicht aufzufallen, mußte sie ihn in Kauf nehmen. Glücklicherweise hatte Astrid nach einem Galopp genug, und so erreichten sie den Hof ohne weitere Zwischenfälle.

„Der Ausritt war doch toll!" strahlte Astrid. Mit einem gezwungenen Lächeln antwortete Karin: „Herrlich!"

Die Schwestern sattelten die Pferde ab und brachten

Goldstern auf die Weide. Lisa mußten sie im Stall lassen, wenn sie nicht riskieren wollten, daß die Stute tragend wurde. „Wir sollten Vater fragen, ob er uns einen Trennungszaun auf die Koppel setzt", schlug Astrid vor.

„Oder Herrn Schneckes, ob er uns eine zweite Weide zur Verfügung stellt", ergänzte Karin.

Beim Abendessen erklärten sie den Eltern die Sache mit der Koppel, und der Vater versprach, gleich am nächsten Tag mit dem Bauer zu reden.

Karin zerrte an den Zügeln, doch Goldstern dachte gar nicht daran, anzuhalten. Im Gegenteil, er wurde sogar schneller. Es dauerte eine ganze Zeitlang, bis das Mädchen ihn wieder in den Griff bekam.

Auch Astrid hatte nun bemerkt, daß der Hengst durchging.

„Das kann jedem mal passieren!" redete sich Karin heraus. Astrid sah sie zweifelnd an, sagte aber nichts. Nach diesem Ausritt übten die Mädchen noch etwas Dressur auf der Koppel. Karin schlug vor, die Pferde zu tauschen und ihre jüngere Schwester hatte nichts dagegen. Bald saßen sie auf den anderen Pferden: Karin auf der braven, zuverlässigen Lisa und Astrid auf dem Pulverfaß Goldstern.

Astrid merkte sehr bald, daß der Hengst ihrer Schwester ein schwieriges Pferd war. Doch sie merkte auch, daß sie als Reiterin des Schimmels Ruhe ausstrahlen mußte. So ritt sie eine Weile ruhigen Schritt. Goldstern entspannte sich langsam und Astrid versuchte einen Trab. Der Schimmel wurde erneut etwas unruhig und begann, mit dem Schweif zu schlagen. Aber solange man nur Schritt und Trab ritt, konnte man ihn durchaus unter Kontrolle halten. Mehr versuchte Astrid auch gar nicht.

Als die Geschwister ihre Pferde versorgt hatten, kam der Bauer in den Stall.

„Guten Abend, Herr Schneckes!“

„Guten Obend, ihr zwo. Von mir aus könnt ihr die leere Kälberkoppel ham. Des wollt ich euch nur sagen. Euer Vater hat des geregelt.“ Damit drehte er sich um und schlurfte wieder hinaus.

Im Stall aber fielen sich Astrid und Karin in die Arme. „Herrlich! Jetzt braucht nicht immer ein Pferd im Stall zu stehen und wir brauchen unsere Wiese nicht zerteilen!“

Im Reitstall

Eine Woche war vergangen. Astrid schmierte ihren Sattel mit Sattelseife ein, während Karin Goldsterns Stirnriemen mit blauem Band umwickelte.

„Sieht doch gut aus, oder?“

„Nicht schlecht. Das werde ich für meine Lisa auch machen, aber in rot. Verflixt, wo ist denn jetzt . . . Ah, jetzt hab’ ichs gefunden.“

„Du Astrid, was soll ich nur mit Goldstern machen. Im Schritt und Trab ist er in Ordnung, aber wenn ich galoppiere, geht er mir jedesmal durch.“

„Ich weiß es nicht. Bei mir machte er ja dasselbe. Hast du ihn eigentlich schon einmal mit einem Hilfszügel geritten?“

„Nein, aber das wäre vielleicht die Lösung! Nur, wo bekomme ich jetzt einen Hilfszügel her?"

„Aus einer Reiterboutique."

„Witzbold! Die werden mir den auch umsonst geben . . ."

„Natürlich nicht", erklärte Astrid sachlich. „Du mußt selbstverständlich bezahlen."

„Und womit, bitteschön?"

„Herrje, ich dachte immer, du bekommst Taschengeld?"

„Dafür habe ich mir doch erst eine neue Reitgerte gekauft, nachdem Goldstern meine alte gehimmelt hat. Im Augenblick bin ich pleite."

„Meine Güte! Das ist doch kein Problem. Dann leihe ich dir eben das Geld. Das ist doch nun wirklich kein Hindernis."

In diesem Augenblick wurde die Stalltür aufgerissen und der Bauer steckte wütend den Kopf herein: „Im Garten rennen eure verrückten Gäule in meinen Gemüsebeeten rum! Macht, daß ihr die do naus holt!"

Entsetzt sprangen die Mädchen auf und rannten nach draußen. Ihre Pferde galoppierten gerade durch ein Salatbeet.

„Lisa! Goldstern!" Die Tiere kümmerten sich überhaupt nicht um die verzweifelten Rufe ihrer Herrinnen. Goldstern riß sogar vor ihren Augen einige junge Pflanzen aus. Der Bauer stand mit zornrotem Gesicht dabei.

„Nehmt die Mistviecher und laßt euch hier nimmer sehn, sonst hetz ich euch den Hund aufn Hals!"

Daß diese Drohung ernst gemeint war, merkten die

Schwestern und strengten sich jetzt um so mehr an, die Pferde einzufangen. Als sie die Übeltäter endlich hatten, jagte der Bauer sie vom Hof.

„Und jetzt?“ fragte Karin, noch immer außer Atem von der wilden Jagd.

„Ich weiß nicht. Gehen wir zuerst mal nach Hause.“

Die Eltern machten sehr erstaunte Gesichter, als die Mädchen mit ihren Pferden vor der Haustür standen. Nachdem sie erzählt hatten, meinte der Vater: „Vielleicht verraucht der Zorn des Bauern auch wieder?“

Die Schwestern schüttelten die Köpfe: „Nie! Der Garten war sein ganzer Stolz und nun ist alles verwüstet.“

„Dann werdet ihr euch wohl nach einer anderen Unterkunft umsehen müssen. Bindet eure Pferde im Garten an und geht gleich los.“

Karin und Astrid klapperten alle Höfe ab, aber sie hatten Pech. Alle Ställe waren voll, niemand hatte Platz für zwei Pferde. Als sie die Nachricht den Eltern überbrachten, runzelten diese die Stirn.

„Dann bleibt also nur noch der Reitstall! Ich werde einmal anfragen, ob euer Reitlehrer die Pferde vorübergehend aufnehmen kann.“

Als der Vater vom Telefon zurückkam, war er wieder guter Laune.

„Es ist alles geregelt! In 20 Minuten ist ein Transporter da.“

„Das sind also eure Pferde?“ fragte der Reitlehrer und grinste unverschämt. „Ich hatte sie hübscher in Erinnerung!“

„Bäh!“ machte Astrid und streckte dem Gestrengen die Zunge heraus. Doch der nahm das nicht übel.

„Die 8. und 9. Box rechts, da stellt sie rein. Morgen wollen wir dann mal sehen, ob ihr auch nichts verlernt habt."

Am nächsten Nachmittag sattelten die Schwestern ihre Pferde und ritten in die Bahn. Herr Möller wollte ihnen eine Privatstunde geben. Auf der Tribüne saßen dicht gedrängt die Reitkameradinnen, alle wollten zusehen.

„So, geht mal mit den Pferden in die Bahn und reitet im Schritt los." Der Reitlehrer stand wie immer in der Mitte der Bahn und beobachtete aufmerksam die Reiterinnen. „Karin, grade sitzen! Herrgott, du hängst ja wie ein Anfänger im Sattel!"

Von der Tribüne ertönte vereinzeltes Gekicher. Das verwirrte Goldstern, der ohnehin schon durch die ungewohnte Umgebung verwirrt war, und der Hengst schlug aus. Karin, die darauf nicht gefaßt war, flog im hohen Bogen in den Sand. Knallrot und von Gelächter verfolgt, stieg sie wieder aufs Pferd. Runtergefallen war sie noch nie! Und ausgerechnet vor Zuschauern!

Herr Möller befahl einen Trab und Positionswechsel, Lisa sollte nun an der Tete gehen. Nun klappte alles besser. Aber dann sollten die Mädchen einzeln galoppieren. Lisa machte ihre Sache gut, wofür Astrid ein Lob erntete. Nun war Goldstern an der Reihe. Er stieg und keilte aus, Karin wäre um ein Haar ein zweites Mal gestürzt.

Der Reitlehrer runzelte die Brauen und winkte dann Karin in die Mitte. „Jetzt werden wir doch mal sehen, ob dein Pferd wirklich nicht galoppieren kann!" meinte er und schwang sich selbst in den Sattel. Sofort schien sich das Pferd unter ihm zu wandeln. Goldstern bog den Nakken und spitzte die Ohren. Als Herr Möller ihn angaloppieren ließ, versuchte er auch, wegzurennen, wurde aber nicht daran gehindert, sondern sogar noch getrieben! Auch als der Hengst von selbst aufhören wollte, durfte er nicht. Als Herr Möller ihn dann zum Schritt durchparierte, war das Pferd schweißnaß. „So, jetzt wird er wohl etwas anstelliger sein. Aber besorge dir lieber einen Schlaufzügel, dann hast du etwas mehr Gewalt über ihn. Wir machen jetzt Schluß. Reibt eure Pferde trocken, und bringt sie in die Box."

Im Stall meinte Astrid: „Ich hatte vielleicht Angst, als Goldstern verrückt spielte! Das macht er doch sonst nicht!"

„Hast du eine Ahnung! Immer wenn ich galoppieren will, macht er dieses Theater! Ich möchte nur wissen, woran das liegt."

„Was? Immer macht er das! Warum reitest du ihn dann noch im Galopp?"

„Weil ich immer hoffe, daß er sich irgendwann bessert. Aber jetzt habe ich ihn schon fast zwei Wochen . . ."

„Das ist doch wirklich noch nicht lange. Trotzdem, dein Pferd ist ja gemeingefährlich!"

„Das meine ich auch."

Herr Möller, der unbemerkt herangetreten war, sah die Schwestern ernst an. „Goldstern ist ein Hitzkopf, der eine erfahrene Hand braucht. Wenn du meinen Rat hören willst, Karin: Laß deinen Hengst möglichst bald kastrieren und gib ihn dann bei einem erfahrenen Reiter in die Ausbildung. Du bist einfach noch nicht fähig, ein derart schwieriges Pferd zu reiten. Schau dir Astrid an: Sie hat ihre Lisa voll im Griff, und hat Spaß an der Sache. Aber du hast ja richtig Angst."

Karin hatte den Worten ihres Reitlehrers ruhig zugehört. Sie stand ganz blaß da. „Muß das wirklich sein?"

„Sei einmal ehrlich vor dir selbst: Hast du in letzter Zeit Spaß bei einem Ausritt oder einer Reitstunde gehabt? Nein. Da siehst du's. Es ist der einzige Weg, Goldstern ruhiger zu machen, anders müßtest du ihn verkaufen. Wissen eigentlich deine Eltern von seinen Unarten?"

Betreten schüttelte das Mädchen den Kopf. „Ich dachte, es ist besser, daß sie sich nicht sorgen."

„Dann wird es aber höchste Zeit, daß du es ihnen einmal mitteilst, damit sie entscheiden können, was weiter geschehen soll." Der Reitlehrer drehte sich um und ging davon.

Die Mädchen waren beim Abendbrot recht nachdenklich. Endlich ergriff Karin das Wort und erzählte von den schlechten Manieren ihres Hengstes. Die Eltern schauten sich betroffen an.

„Oh, Gott", rief die Mutter. „Da denkt man ahnungslos, die Mädchen reiten fröhlich ins Gelände, dabei macht Goldstern solche Zicken!"

„Ich weiß, Mama! Aber . . ."

„Da gibt es kein aber!" schnitt ihr der Vater das Wort ab. „Dieses Untier wird verkauft, und zwar sofort! Und nun marsch, ins Bett mit euch! Morgen reden wir weiter!"

Etwas später, als die Mädchen längst verschwunden waren, seufzte der Vater: „Wenn man bedenkt, was da alles hätte passieren können!"

„Sicher. Aber hast du nicht etwas voreilig gehandelt?" meinte die Mutter und sah ihren Mann bittend an. „Müssen wir ihn gleich verkaufen? Karin erzählte doch auch, daß der Hengst im Schritt und Trab ganz anstellig wäre."

„Vielleicht hast du recht. Aber etwas geschehen muß trotzdem. Schließlich werden unsere Töchter auch mal galoppieren. Ich jedenfalls lasse Karin nicht wieder auf dieses Pferd, ehe es ruhiger geworden ist."

Einige Tage später sah Karin den Reitern zu, die sich in der Bahn bewegten. Ihre Schwester ritt auf Lisa an zweiter Stelle hinter Salomo, den Schimmel. Dritter war ein pausbäckiges Mädchen auf Patrick, vierter Elisabeth auf Pascha und fünfter Annemirl auf Juma.

Die Abteilung trabte leicht, alle Reiterinnen machten eine gute Figur, doch Astrid machte ihre Sache am besten, wie Karin etwas säuerlich feststellte. Sie selbst hatte seit dem unglückseligen Ritt am Montag kein Pferd mehr bestiegen. Sie dachte an Goldstern. Der Hengst war jetzt sicher schon nach einem Eingriff beim Tierarzt ein Wallach. Anschließend sollte er in Luxemburg von einer erfahrenen Dressurreiterin ausgebildet werden. Wenn er eine ordentliche Ausbildung hinter sich hatte, was voraussichtlich drei Monate dauerte, sollte er wieder zu ihr zurückkommen. Doch dieser Tag lag noch in weiter Ferne. Es war zum Heulen. Wenn sie wenigstens eine Freundin gehabt hätte! Aber die anderen taten sie und ihre Schwester als hochnäsig ab. Wütend stand Karin auf und ging über den Hof in den Stall. Er hatte etwa 20 Boxen neben einem breiten Mittelgang. Das Mädchen blieb bei einigen Pferden stehen und streichelte sie. Plötzlich kam Karin ein Gedanke: Wenn sie sich jetzt einfach Kaplan oder Gräfin satteln würde und dann einen Ausritt machte? Aber sie verwarf diesen Gedanken gleich wieder, denn eben kamen Jutta und ihre Freundinnen in den Stall. Sofort blieben die Mädchen stehen und sahen herüber. Jutta sagte etwas, und schon kicherten alle vier los. Karin drehte sich wütend um und rannte in die Sattelkammer. Dort brach sie in hemmungsloses Weinen aus. Erst als Astrid mit den anderen Reitern hereinkam, hörte sie auf. Zum Glück bemerkte es niemand.

„Hallo! Willst du jetzt nicht auch mal reiten? Herr Möller sucht noch einen Reiter für die Anfängerabteilung!"

Karin überlegte. Warum eigentlich nicht? Schon hatte sie sich entschieden und nickte strahlend. „Gerne! Wen soll ich reiten?"

„Er ist schon fertig gesattelt."

Wenig später saß Karin wieder auf einem Pferderükken. Es klappte großartig. In Zukunft würde sie ihre Schwester bitten, sie Lisa reiten zu lassen.

„Bin ich froh! Ich verstand sowieso nicht, daß du nicht mehr reiten wolltest! Bald können wir auch wieder täglich Lisa bewegen, weil Vati einen neuen Stall aufgetrieben hat. Das wird herrlich!"

Bald hatte Astrid gesagt. Leider wurde aus dem bald nichts, weil Karin die Grippe bekam und die ganze Familie ansteckte. So verging fast ein ganzer Monat, bis alle wieder gesund waren. Nun endlich konnte der Umzug stattfinden. Diesmal bezog man in der Scheune einer freundlichen Familie Quartier. Die Unterbringung kostete verhältnismäßig wenig, dafür sollten die drei Kinder des Hausherrn je ein- bis zweimal in der Woche Reitunterricht bekommen.

„Elli! Möchtest du jetzt reiten?“ Astrid sah das siebenjährige Mädchen an.

„Gerne. Ist das Pferd auch brav?“

„Natürlich. Lisa würde keiner Fliege etwas zuleide tun.“

Astrid sattelte und zäumte ihr Pferd, dann führte sie es auf die Koppel. Elli kletterte in den Sattel und Lisa ging los.

„Setz dich gerade hin! Du hängst auf dem Pferd wie ein Kartoffelsack.“

Ellis Geschwister, die am Zaun standen und zuschauten, brachen in lautes Gelächter aus.

Nach einer Viertelstunde Schritt mußte Elli absitzen, und Astrid nahm sich den neunjährigen Klaus vor. Dann durfte auch Jane, seine Zwillingsschwester, kurz aufsitzen. Als das vorbei war, übte Astrid Schenkelweichen. Sie wollte unbedingt bei dem großen Herbstturnier im Reitstall mit dabei sein und fing schon jetzt mit dem Training an, damit Lisa dann auch wirklich in Topform war. Leider behagte das der Stute wenig, und so mußte Astrid ihre Übung unterbrechen, da sich das Pferd weigerte, auf ihre Hilfen zu reagieren.

So vergingen die Tage. Karin ritt fast täglich auf Lisa, aber es machte ihr keinen rechten Spaß. Lieber nahm sie von ihrem Taschengeld Reitstunden. Eines Tages kam sie freudestrahlend vom Reitstall nach Hause: In zwei Wochen finde dort ein Turnier statt – und sie dürfe mitreiten!

„Hast du es gut! Meinst du, Herr Möller läßt mich auf Lisa auch starten?“

„Bestimmt. Es gibt auch eine Ausschreibung für Kleinpferde. Ich darf auf Gräfin die einfache Dressur reiten. Eine Quadrille als Schaunummer und einige Reiterspiele werden übrigens auch geboten!!!"

„Super! Hoffentlich erlaubt Herr Möller, daß ich auch mitmachen kann." Der Reitlehrer war tatsächlich so nett, und sofort stürzte Astrid sich ins Training. Sie ritt ihre Lisa auf der Koppel, während Karin jeden Tag in die Stadt hinüberradelte. Sie hatte im Reitstall endlich Freundinnen gefunden. Heute war sie wieder zu einer Reitstunde gekommen.

„Karin, du nimmst die Gräfin, Jutta den Salomo, Annemirl den Pascha, Christa die Juma und Olga den Taifun. Karin geht an die Tete."

Bald hatte sich die Abteilung formiert und es konnte losgehen. Der Reitlehrer wollte die Mädchen das Dressurprogramm der Reitprüfung üben lassen. Er hatte schon einen Plan, was sie alles können müßten. Nach der Reitstunde teilte er ihnen Zettel aus, auf denen die einzelnen Punkte standen. „Karin, nimm doch bitte eins für deine Schwester mit, ja?"

Daheim fiel Astrid fast in Ohnmacht, als sie die Liste sah. Und sowas nannte sich einfache Dressur! Da sollte man Vorderhandwendungen, Volten, einfache und doppelte Schlangenlinien und die einfacheren Hufschlagfiguren können. Außerdem wurde Rechts- und Linksgalopp sowie Hufschlagfiguren im Galopp verlangt. Mitteltrab sollte man auch vorführen können.

Karin lachte über die Bedenken ihrer Schwester. „Die Schulpferde schaffen das alle."

„Ja, die Schulpferde! Aber Lisa ist keins. Sie ist auch nicht an die Halle gewöhnt."

„Das ist dein Problem."

„Karin die Gräfin, Janette die Juma und Heike den Salomo. Karin geht an die Tete!"

Folgsam sattelten die wenigen Reitschüler die ihnen zugewiesenen Pferde. Karin zog schon den Sattelgurt an, als die anderen noch beim Auftrensen waren. Sie hatte es wieder einmal eilig, auf den Rücken ihrer geliebten Gräfin zu kommen. Gräfin war eine prächtige schwarze Stute mit einer hübschen Flocke auf der Stirn. Karin führte sie über den Hof in die Reithalle und schwang sich in den Sattel. Dann ritt sie eine Weile im Schritt hin und her, bis die anderen kamen und ebenfalls aufstiegen. Die Reiter gurteten nach, dann formierte sich die Abteilung. Gräfin ging mit weiten, ruhigen Schritten vorneweg, hinter ihr kam Salomo und Numa bildete das Schlußlicht.

Herr Möller ließ seinen Blick kritisch über die Reiter und Pferde schweifen. Karin bemühte sich um einen tiefen Sitz und eine einwandfreie Haltung. Der Reitlehrer fand aber trotzdem etwas zu korrigieren: „Leg' die Hände doch nicht so auf den Pferdehals und stell die Fäuste aufrecht! Janette, Fußspitzen nach innen, Heike, nimm doch endlich die Zügel kürzer! Der Salomo rennt dir gleich davon!"

Es waren alles gute Reiterinnen, kein Zweifel, aber lernen mußten alle drei noch. Karin zum Beispiel machte auf Gräfin eine ausgezeichnete Figur, sie war aber auf Patrick nicht halb so gut. Und Janette, die konnte zwar recht ordentlich traben, aber im Galopp ging ihr jedes Pferd, außer der braven Dolina, durch. Mit Heike war das ein Kreuz: Sie hielt das Pferd einfach nicht genug am

Zügel. Aber trotzdem durften sie alle am Turnier teilnehmen. Herr Möller hatte bis jetzt 21 Jungen und Mädchen zusammen, die teilnehmen wollten. Er persönlich hielt nur 9 davon für gut genug und nur diese neun durften reiten.

„Heike! Zügel kürzer! Abteilung im Arbeitstempo trab! Aber treiben, Janette! Karin, ein gleichmäßigeres Tempo, wenn ich bitten darf!"

Die Pferde trabten auf dem Hufschlag, nach einer Weile stimmten auch die Abstände wieder und der Reitlehrer nickte erfreut.

„Weiter treiben! Das Pferd muß immer das Gefühl haben, daß etwas von ihm verlangt wird. Dann bleibt es aufmerksam und reagiert auf eure Hilfen. Durch die Länge der Bahn wechseln, an der nächsten langen Seite einfache Schlangenlinie!"

Korrekt ritt Karin beide Hufschlagfiguren. Sie war froh, daß man Leichttraben durfte, denn Gräfin war sehr schwer auszusitzen. Doch jetzt befahl Herr Möller zu ihrem Schreck: „Aussitzen! Bügel überschlagen!"

Der Reitlehrer schmunzelte befriedigt. Nun würde sich zeigen, wer einen festen Sitz hatte! Bald hatten alle Reiter ihre Bügel über den Pferdehals geschlagen und bemühten sich nun krampfhaft, ruhig zu sitzen.

„Aber, aber! Immer schön mit der Bewegung des Pferdes mitgehen! Laßt euch doch nicht so werfen! Karin, Hände ruhig! Du weißt doch, daß Gräfin sehr empfindlich im Maul ist. Janette, deine Schenkel flattern ja wie eine Fahne! Knie zu! Heike, Abstand halten! Was, du wirst doch nicht an den Sattel fassen? Nimm sofort die Hände weg! Abteilung, durchparieren zum Schritt! So jetzt laßt uns mal sehen, wie ich eure Haltung verbessern kann. Lehnt euch mal weit im Sattel zurück. Weiter! Ihr müßt auf dem Rücken eures Pferdes liegen. Gut, Karin und Janette! Heike, wenn du dich das nicht traust, darfst du nicht an der Dressur teilnehmen! Immer schön nach hinten! Und jetzt Fußspitzen berühren! Eins-zwei, eins-zwei. Okay, Bügel wieder aufnehmen und im Arbeitstempo Terab!"

Karin kam kaum mit, so schnell prasselten jetzt die Kommandos auf sie herab. Ja, Herr Möller wußte Mittel und Wege, um seine Schüler auf das Turnier vorzubereiten. Nun verlangte er einen Alleinritt. „Abteilung durchparieren zum Schritt. Auf der Gräfin antraben, leichttraben. So ist es gut, schön das ruhige Tempo halten. Durch die ganze Bahn wechseln. Tiefer in die Ecken reiten. Und immer schön ruhig. Bei Punkt E eine Volte. Aber ich bitte dich, das soll wohl ein Osterei sein! Bei Punkt K nochmal, aber jetzt ordentlich. Gut. Zirkel."

Gräfin trabte flott dahin, sie schien keine Müdigkeit zu kennen. Karin bemühte sich, alles richtig zu machen, aber der Reitlehrer hatte manches an ihr auszusetzen.

„Ganze Bahn. An der nächsten Ecke angaloppieren. Äußerer Schenkel zurück! Dann treib sie doch! Na endlich. Zirkel. Nicht so schnell, nur Arbeitsgalopp. Ganze Bahn. An der Abteilung vorbei. Schön. Durchparieren zum Trab, an der nächsten Seite einfache Schlangenlinien. Hervorragend! Schließ dich hinten an. So, jetzt du, Heike . . ."

Karin klopfte Gräfin erleichtert den Hals. Der Ritt war gut gewesen, und das hatte sie dem Pferd zu verdanken.

Heike ritt auch gut, aber Salomo ging ihr im Galopp an

der Geraden durch und warf sie beinahe ab. Herr Möller war ärgerlich und ließ die Reiterin sofort hinten anschließen. „Was denkst du denn! Willst du auf Dolina die Dressur reiten? Mit ihr kannst du keinen Blumentopf gewinnen! Sie ist ein Anfängerpferd, aber keine Dressurspitze!"

Die Reitstunde ging weiter, und alle Reiter waren ganz bei der Sache, um Herrn Möller keinen weiteren Anlaß zur Unzufriedenheit zu geben.

Nach dem Unterricht brachten die Mädchen ihre Pferde in den Stall. Der Reitlehrer kam mit, er hatte im Augenblick keinen Unterricht zu geben.

Als die Tiere versorgt waren, sprachen die Reitschüler von dem bevorstehenden Turnier. Herr Möller erklärte: „Wie ihr ja wißt, können nicht alle starten. Karin hat Gräfin, das weiß sie ja bereits. Ihr beiden anderen dürft auch mitreiten."

Heike und Janette brachen in lautem Jubel aus.

„Heike darf aber nur Dolina nehmen, es sei denn, sie schafft den Galopp auch auf Patrick."

„Patrick?" staunte Heike andächtig. Der etwas schwere schwarzbraune Wallach war schon seit langem ihr Lieblingspferd.

„Ja, Patrick. Die anderen Pferde sind nämlich schon alle belegt, manche sogar doppelt.

„Wen soll ich denn dann reiten?" fragte Janette erwartungsvoll.

„Du? Für dich hatte ich eigentlich Pascha vorgesehen."

„Och." Nun hatte Janette so gehofft, Salomo oder wenigstens Numa reiten zu dürfen.

„Hast du etwas gegen Pascha? Du hast sie in den letzten Wochen öfters gehabt und auf ihr einen besseren Eindruck gemacht als auf Salomo."

„Darf ich nicht Numa haben? Ich komme so gut mit ihr zurecht!"

„Nein. Wenn du jetzt nicht sofort aufhörst, dich zu beklagen, wirst du von der Liste gestrichen. Entweder Pascha oder keinen."

Während Karin im Reitstall war, übte Astrid mit ihrer Lisa auf der Koppel. Die Norwegerstute war gehorsam und führte Volten und Schlangenlinien willig aus. Auch die Vorderhandwendung und die anderen Hufschlagfiguren im Trab klappten einigermaßen. Nur der Galopp war eine einzige Katastrophe. Lisa konnte einfach nicht zwischen Links- und Rechtsgalopp unterscheiden und sprang fast immer falsch an. Von den Hufschlagfiguren im Galopp konnte das Pferd immerhin Zirkel, Volte und halbe Bahn. Doch an den Mitteltrab wollte Astrid lieber gar nicht denken. Die Stute trabte entweder langsam weiter oder galoppierte an. In 10 Tagen war das Turnier! Wie sollte Astrid bis dahin aus Lisa ein Dressurpferd machen?

Einfache Dressur

Die Sonne schien vom blauen Himmel und die Luft war erfüllt von Geschäftigkeit. Im Stall wurden die Pferde noch einmal geputzt, damit auch wirklich jedes Stäubchen vom Fell entfernt war. Karin stand in Gräfins Box und legte der Stute bereits den Sattel auf. Am anderen Ende des Stalles tat Astrid mit Lisa das gleiche. Der Tag des Turniers war gekommen.

Auf der Tribüne der Reithalle hatten sich bereits einige Eltern, Verwandte und Bekannte der Teilnehmer versammelt. Auch wenige Schaulustige hatten sich eingefunden, so daß man etwa 30 Zuschauer hatte. Das war nicht viel, doch Karin und den anderen reichte es. Die Mädchen und Jungen hatten ihre Startnummern am Zaum ihrer Pferde befestigt, bei einigen mußte sie dann später wegen Reiterwechsel ausgetauscht werden.

Die einfache Dressur war die erste Prüfung. Insgesamt waren 10 Reiter gemeldet. Karin hatte die Nummer 4, Astrid die 7. Um 10 sollte es losgehen, jetzt war es Viertel vor. Astrid schwang sich in den Sattel und ritt auf dem Außenplatz ihr Pferd warm. Die meisten anderen Reiter taten dasselbe. Dann wurde der erste Teilnehmer aufgerufen: „Helga Hecker auf Patrick bitte zur einfachen Dressur an den Start!“

Karin und Astrid hörten kaum zu, sie versuchten, sich ganz auf ihre Pferde zu konzentrieren. Karin hatte es leicht: Gräfin kannte die Umgebung und hatte schon an mehreren Turnieren teilgenommen. Astrid dagegen hatte alle Hände voll damit zu tun, Lisa an die vielen fremden Dinge hier zu gewöhnen. Trotzdem gelang es ihr, die Stute einigermaßen an die Hilfen zu stellen. Sie konzentrierte sich ganz auf eine Sache! Lisa mußte ruhig und weich werden. Sie hörte nicht, daß Karin schon lange drangewesen war, erst als sie jemand anstieß und ihr zurief: „Du bist dran!“ erwachte sie blitzartig.

In der Halle war es ruhig und kühl. Lisa war aufmerksam und nervös, aber Astrid gab dem Pferd eine leichte Parade und beruhigte es mit leisen Worten.

Vor den Richtern halten. Wo im Himmel waren die Richter? Astrid sah umher und Lisa, durch die Unsicherheit ihrer Reiterin angesteckt, machte einen kleinen Bocksprung. Endlich entdeckte Astrid den Richtertisch und brachte die Stute einigermaßen ordentlich zum Stehen. Leider stand Lisa nicht geschlossen, aber immerhin, sie war recht ruhig. Auf die linke Hand gehen. Sicher trieb Astrid die Stute vorwärts – prompt auf die rechte Hand. Zum Glück merkte sie es noch rechtzeitig und riß Lisas Kopf scharf nach links. Erschrocken machte das Pferd eine halbe Wendung auf der Hinterhand, war aber gehorsam. Trotzdem gab das natürlich Minuspunkte. Antraben und durch die ganze Bahn wechseln. Astrid drückt die Schenkel an und tippte ihre Stute leicht mit der Gerte an. Der Wechsel klappte tadellos. Dann hieß es durchparieren zum Halten. Lisa stand wie ein Denkmal, das intensive Üben hatte sich ausgezahlt. Nun sollten sie im Schritt anreiten, eine Volte reiten und dann wieder antraben.

„Komm, Lisachen, bist ein braves, gutes Pferd!" Trotz dieser schmeichelnden Worte wurde die Volte ein Osterei und Lisa trabte 10 Meter zu spät an. Astrid saß aus, dabei hätte sie eigentlich leichttraben sollen. Nun wieder durchparieren zum Halten. Wendung auf der Vorderhand! Astrid verkürzte den äußeren Zügel und preßte den inneren Schenkel an, doch Lisa legte nur die Ohren zurück und ging schnaubend einen Schritt rückwärts. Beim zweiten Versuch machte sie ihre Sache aber tadellos, viel besser als im Training.

Jetzt trabten sie wieder und Astrid trabte auch vorschriftsmäßig leicht. Dann parierte sie das Pferd wieder zum Schritt durch. So. Nun angaloppieren, im Linksgalopp. Lisa sprang richtig an und ließ sich gut führen. Einmal auf dem Zirkel geritten, dann wieder Schritt. Noch eine Volte, diesmal korrekt. Astrid spürte, daß ihre Stute langsam besser wurde. Antraben, an der nächsten langen Seite Mitteltrab! Lisa trabte etwas schneller, aber ein richtiger Mitteltrab war es nicht. Wenigstens ein halber. Nach einigen Hufschlagfiguren hieß es wieder Schritt. Dann erneut angaloppieren, diesmal aber Rechtsgalopp. Lisa sprang auch prompt falsch an. Als Astrid sie wieder durchparieren wollte, machte das Pferd einen fliegenden Galoppwechsel und galoppierte danach richtig weiter. So, aus dem Galopp erst in den Trab, dann in den Schritt und dann zum Halten durchparieren, Lisa tat es brav. Grüßen und dann hinaus.

„Gut bist du geritten!“ riefen einige freundlich. Astrid strahlte.

„Lisa war prima! Die paar Fehler kann man ihr nicht übel nehmen, außerdem habe ich selber schuld. Plaziert werden wir zwar bestimmt nicht, aber was soll's! Dabeisein ist alles.“

Sie führte Lisa in den Stall und schnallte den Sattelgurt locker. Sie wagte es nicht, den Sattel schon ganz abzunehmen, da alle Reiter, egal ob plaziert oder nicht, noch einmal zur Siegerehrung in die Halle mußten.

„Ach Lisa! Unser erstes Turnier ist eigentlich schon fast vorbei. Oh, ich Trottel! Jetzt habe ich nicht einmal aufgepaßt, welche Note wir bekommen haben. Naja, mehr als 5 oder 6 bestimmt nicht. Warten wirs ab. Karin soll bis jetzt in Führung liegen mit 7,0.“

Als alle geritten waren, wurden die Reiter aufgefordert, mit ihren Pferden in die Halle zu kommen. Sie mußten sich in einer Reihe aufstellen. Dann wurden die Namen verlesen und die Plazierungen.

„5. Platz: Astrid Berrin auf Lisa“, hörte sie plötzlich aus dem Lautsprecher. Astrid fiel ihrer Lisa um den Hals. Sie bekam sogar einen Preis, ein hübsch verpacktes Päckchen und eine rote Schleife.

Den 2. Platz erhielt Karin!

Die Reiter beziehungsweise die Pferde galoppierten noch eine Ehrenrunde, dann war für Astrid und Karin das Turnier zu Ende.

Astrid saß in Lisas Box. Die Stute kaute zufrieden an dem Heu, welches Astrid ihr in die Futterkrippe gelegt hatte. Das Mädchen grübelte vor sich hin. Vor weniger als 2 Stunden war sie geritten, hatte auf Lisa die Ehrenrunde galoppiert und war glücklich gewesen. Jetzt schien das so lange her . . . Karin wurde von jüngeren Reiterinnen umschwärmt. Aber sie? Nein, nicht, daß ihr was an besonderen Ehrungen läge. Aber so einsam und verlassen wollte sie auch nicht bleiben. Sogar die Eltern hatten vergessen, ihr zu gratulieren. Für sie hatte es nur Karin gegeben – Karin, die beinahe den ersten Platz gemacht hätte. Naja. Letzte wollte sie auch nicht sein, obwohl man als letzte wenigstens bemitleidet wurde. Aber als 5.? Das war genau die Mitte. Astrid hatte den Durchschnitt geschafft, nicht mehr und nicht weniger. Das war es. Mit Lisa würde sie auch nie mehr erreichen, obwohl sich die Stute schon sehr verbessert hatte. Sie und ihr Pferd waren eben nur Durchschnitt.

Astrid stand langsam auf und ging in die Halle hinüber. Sie kam gerade recht, um zu sehen, wie Don Plaisir über einen etwa 1,70 hohen Oxer sprang und danach spielend eine mindestens ebenso hohe Triplebare überflog.

Später ritt Astrid Lisa nach Hause. Das Pferd war brav und machte keine Schwierigkeiten. Im Stall angekommen sattelte Astrid die Stute ab und schüttete ihr eine Kelle Hafer in die Krippe. Bedächtig begann Lisa zu fressen. Astrid räumte noch etwas auf: Sie fegte den Stallgang und räumte ihre Reitsachen auf ein Bord neben den Sätteln. Dann ging sie nach Hause.

Beim Abendessen führte Karin das große Wort. Sie hatte eine ihrer Freundinnen zum Übernachten eingeladen und erzählte jeden einzelnen Punkt ihres Rittes noch einmal ganz genau.

Astrid sagte nichts, sie dachte sich ihren Teil. Ein einziges Mal hatte sie Gräfin reiten dürfen, aber dieses eine Mal genügte: Die Rappstute war das beste Pferd im Reitstall. Auch die tollen Privatpferde wie zum Beispiel Lutteur oder Madame Mim hatten gegen Gräfin keine Chance. Und wenn Gräfin den Kopf hochwarf, dann sicher nur, weil Karin die Zügel zu kurz genommen hatte.

Ein Pferd hat sich verändert

„Was, wirklich? Übermorgen kommt Goldstern zurück?“ Astrid starrte ihre Schwester mit offenem Mund an. Diese nickte mit leuchtenden Augen.

„Ja! Vater meinte, so hätte ich während den Sommerferien genug Zeit, mich wieder an ihn zu gewöhnen.“

„Ich freue mich für dich! Nur schade, daß er bei uns keine Box hat! Denn in Lisas Stall ist nur noch ein kleiner Verschlag voller Gerümpel.“

„Das stimmt, aber Hauptsache, ich habe ihn wieder. Hilfst du mir, den Stand zurechtzumachen?“

„Tut mir leid, aber heute kann ich nicht. Wir schreiben morgen eine Arbeit und ich habe noch nichts gelernt“, antwortete Astrid bedauernd.

So machte sich Karin allein auf den Weg zum Stall. Bald war sie angekommen. Lisa war draußen auf der Koppel, doch Karin beachtete sie kaum. Das Mädchen öffnete sofort die Stalltür und sah sich Goldsterns neue Behausung an. Es war eine kleine, dunkle Ecke. Darüber war zwar ein Fenster, doch das war so voll Dreck, daß man noch nicht einmal hindurchsehen konnte. In dem Verschlag standen mehrere alte Fässer, ein kaputter Puppenwagen und eine Menge Gerümpel. Karin machte sich daran, das Zeug erst einmal wegzuräumen. Sie zerrte ein Teil nach dem anderen heraus und schleppte es in einen alten Schuppen hinter dem früheren Schweinestall, der jetzt als Waschküche diente. Als alles draußen war, wirkte der Verschlag schon etwas größer.Karin schätzte ihn auf etwa 2 x 3 m. Diese Fläche würde genügen, um Goldstern einen ausreichenden Platz zu bieten. Zuerst allerdings mußte alles geputzt werden, auch das Fenster. Karin schuftete den ganzen Nachmittag lang und wurde trotzdem nicht fertig. Gegen Abend kam Astrid, um Lisa zu versorgen.

„Hallo! Man, der Stand wird ja richtig vornehm! Spitze!“

„Dafür kriege ich Blasen an den Händen und dreckige Hosen.“

Astrid lachte, sie wußte genau, daß Karin ihre letzte

Bemerkung nicht ernst meinte. Sie und ihre Schwester hätten für die Pferde noch ganz andere Sachen gemacht.

Zunächst mußte erst einmal Lisa in den Stall geholt werden. Astrid hatte sie heute aus Zeitmangel nicht geritten. Dann band sie sie im Stallgang an und striegelte das Pferd, bis es einigermaßen sauber war. Anschließend mistete sie noch schnell die Box aus und streute frisch ein. Lisa steckte sofort ihre Nase in die Futterkrippe, um nach Futter zu suchen. Sie wurde nicht enttäuscht. Ihre Besitzerin hatte eine gute Kelle Hafer hineingetan. Während die Stute schon eifrig fraß, schnitt Astrid einen Heuballen auf und legte ihr einen guten Teil davon als Nachtmahl dazu. Dann machten die Schwestern den Stall fertig: Putz- und Sattelzeug ordentlich wegräumen, das restliche Heu wieder in die Futterecke bringen und schnell nochmal auskehren.

„So, schlaf gut, Lisa! Morgen ist Freitag, da kann ich erst nachmittags reiten, aber übermorgen habe ich den ganzen Tag für dich Zeit."

Erwartungsvolle Stille herrschte, als der Fahrer des Transporters die Rampe aushakte und dann den Wagen öffnete. Im Inneren konnte man mehr ahnen als sehen, daß dort ein weißes Pferd stand. Doch es war nicht irgendein Pferd, es war Goldstern. Der Fahrer kletterte in das Auto und Karin konnte hören, wie er den Halfterstrick losmachte. Goldstern wieherte und Lisa gab von der Koppel her Antwort. Der Mann führte den Wallach heraus und das Pferd folgte ruhig und ohne zu zögern. Auf dem Hof stand es eine Weile ganz still da, mit gespitzten Ohren, die lebhaft spielten.

„Goldstern!“ Karin nahm dem Fahrer den Strick aus den Händen und sprach leise auf das Tier ein. Mit einem prüfenden Blick betrachtete sie ihr Pferd: Die einst so struppige Mähne hing nun ordentlich eine Handbreit an der linken Halsseite herunter. Aus den Augen war der wilde, stolze Blick verschwunden, sie blickten nun klar und aufmerksam. Doch die Nüstern waren noch genauso weit wie früher. Der Schweif war säuberlich abgeschnitten worden, er reichte Goldstern aber immerhin noch bis zu den Sprunggelenken. Karin erschien das ganze Pferd besser bemuskelt und in einer besseren Haltung. Doch sie konnte nicht sagen, welcher Goldstern ihr besser gefiel: Der stolze Hengst oder dieser hübsche Wallach. Das Mädchen führte den Schimmel etwas auf dem Hof herum. Auch Goldsterns Gang war anders geworden. Seine hastigen Schritte waren nun leicht und elegant.

„Meine Güte, ist Goldstern schön geworden!“ rief Astrid bewundernd. Die kleinen Kinder, die von überallher zusammengelaufen waren, stimmten ihr zu.

Doch Karin beachtete sie gar nicht. Sie hatte nur Augen für ihr Pferd, das mit federnden Schritten um sie herum tänzelte. Mit leiser Stimme redete sie auf den Wallach ein. Der Schimmel blieb nun stehen und schnupperte an Karins Reithosen herum. Das Mädchen gab ihm ein Apfelstück und klopfte ihm freundschaftlich den Hals.

„Er ist ein gutes, schönes Pferd“, sagte da eine Stimme hinter ihnen.

Karin wandte sich um und blickte mitten in das Gesicht einer etwa 45 Jahre alten Frau. Sie trat neben Karin und nahm ihr sanft, aber energisch den Strick aus den Händen.

„Goldstern braucht einen erfahrenen Reiter, der eine weiche Hand hat. Ich weiß nicht, ob du der richtige bist. Ein anderes Pony wäre vielleicht günstiger. Ich habe einige gute Pferde . . .“

„Nein, danke.“ erwiderte Karin brüsk und nahm den Halfterstrick wieder an sich. „Ich möchte Goldstern. Er ist mein Pferd, ich habe ihn mir ausgesucht.“

„Karin!“ mahnte die Mutter, die dabei gestanden hatte. „Benimm dich. Natürlich kannst du Goldstern behalten. Aber deshalb brauchst du nicht so unhöflich gegenüber Frau Murray zu sein. Entschuldige dich!“

„Entschuldigung“, murmelte Karin und führte Goldstern in den Stall.

Astrid begleitete sie. Gemeinsam brachten die Schwestern dem Pferd Heu und einen halben Eimer Wasser.

„Hier, laß es dir schmecken!“ Zufrieden beobachtete Karin den Schimmel, der sich durch die fremde Umgebung offensichtlich nicht stören ließ. Nur hin und wieder schaute er kurz von seinem Futter hoch, so als wolle er sagen: „Warum bin ich denn hier alleine?“

„Meinst du, wir sollten Lisa reinholen?“

„Ja, dann lernen sie sich kennen, das heißt sie begrüßen sich eher.“

Astrid lief zur Weide, um ihre Stute zu holen. Lisa kam willig mit, sie strebte richtig zum Stall. Als die Norwegerin in ihrer Box stand, streckte sie sofort den Kopf über die Trennwand, um zu sehen, was der Wallach machte. Goldstern beschnupperte sie zärtlich und ließ ein leises, dunkles Wiehern hören.

In diesem Augenblick betrat Frau Murray mit den Eltern den Stall. Ihre stahlharten grauen Augen streiften die ganze Einrichtung. Dann zuckte sie geringschätzig mit den Schultern. „Hm. Ganz nett, wenn auch furchtbar unpraktisch. Bei mir ist alles viel moderner. Eine hübsche Stute, diese Norwegerin. Sehen sie", wandte sie sich mit einem honigsüßen Lächeln an die Eltern, „so sollte ein Kinderpferd sein, wenn man auch turniermäßig nicht viel aus ihm herausholen kann."

Da wurde Astrid wütend. Was hatte diese fremde Frau über ihre Lisa zu urteilen? „Es ist mein Pferd. Außerdem bin ich in Dressur auf Lisa, so heißt sie, 5. geworden."

„Ja?" Die Frau betrachtete Astrid nun zum ersten Mal richtig. „Was für eine war es denn? A- oder L-Dressur? Oder gar M-Dressur?"

„Gar nichts davon. Es war eine einfache Dressur für die Mitglieder unseres Reitvereins."

Das Interesse der Frau war schlagartig erlahmt. Sie wandte sich wieder den Eltern zu. „Also wie gesagt, mein Angebot bleibt bestehen. 5000 DM für den Schimmel. Aber wenn sie durchaus nicht wollen . . ."

„Das hat Karin zu entscheiden." Der Vater warf seinen Töchtern einen Blick zu.

„Goldstern ist m e i n Pferd, Frau Murray, merken sie sich das endlich!" Karins Augen funkelten vor Zorn.

„Natürlich darfst du Goldstern behalten", versuchte die Mutter zu vermitteln. „Es war ja nur ein Angebot von Frau Murray. Und jetzt benimm dich bitte, sonst werde ich es mir noch einmal überlegen, ob du überhaupt ein Pferd verdienst."

Doch Frau Murray schien sich nicht um Karins Einwand zu kümmern, sie sagte nur: „Hätten sie etwas dagegen, wenn ich den Schimmel noch einmal reite!? Ich könnte ihrer Tochter dann zeigen, wie sie mit dem Tier umzugehen hat."

„Als ob ich das nicht selber wüßte!" Karin knirschte mit den Zähnen.

„Natürlich können sie ihn reiten."

Frau Murray ließ sich von ihrem Fahrer das Sattelzeug aus dem Transporter bringen und machte den Wallach schnell fertig.

Astrid sattelte Lisa auch, sie wollte die Stute sowieso noch einmal reiten.

Auf der Koppel saß Frau Murray auf. Sie hatte einen guten Sitz und ging geschmeidig mit der Bewegung des Pferdes mit. Auf ihren ausdrücklichen Wunsch hin mußte Astrid mit Lisa am Gatter warten. Nach einer Viertelstunde sprang sie wieder aus dem Sattel und winkte Karin heran.

„So, jetzt du. Deine Schwester kann meinetwegen mitreiten."

Astrid führte Lisa in die Koppel und schwang sich in den Sattel.

Frau Murray beachtete sie gar nicht, sie beobachtete nur Karin und Goldstern. „Ich bitte dich! Du wirst doch nicht so in den Sattel plumpsen! Steig gleich noch einmal ab. So ist es O. K. Reite im Schritt an. Behalte Fühlung mit dem Pferdemaul!"

Karin genoß es, endlich einmal wieder auf Goldstern zu sitzen. Am Anfang hatte sie noch Angst gehabt, aber jetzt . . . Sie ritt ruhig am langen Zügel und kümmerte sich nicht um Frau Murray, die in der Koppelmitte stand und Kommandos gab. Sie konzentrierte sich auf ihr Pferd und bei diesem ersten Ritt sollte ihr niemand dreinreden.

Unbewußt nahm sie die Zügel auf und drückte die Schenkel an. Goldstern fiel in einen herrlichen Galopp, kein Steigen, kein Bocken, kein Durchgehen – nur ein gleichmäßiger Galopp. Nach einer Weile parierte sie den Wallach durch zum Trab, wechselte die Hand und galoppierte von neuem an. Goldstern lief genauso gleichmäßig wie davor. Langsam zeigten sich auf seinem Fell nasse Stellen, doch er genoß den Galopp genauso wie Karin. Wochenlang hatte man ihn mit den langweiligsten Dressuraufgaben gequält – jetzt konnte er sich endlich einmal austoben.

„Es reicht langsam!" Frau Murray hatte gerade mit den Eltern gesprochen, nun wendete sie sich wieder dem Mädchen zu. „Durchparieren zum Halten, eine Pferdelänge rückwärts richten!"

Karin gab Goldstern die Hilfen und der Wallach trat gehorsam um ein paar Schritte zurück.

„Du siehst, ich habe viel mit ihm gearbeitet!" lachte Frau Murray selbstgefällig. Eben hatte Karin noch etwas Achtung vor dieser Frau gehabt, die wirklich ausgezeichnet reiten können mußte, um aus Goldstern dieses völlig neue Pferd zu machen, aber jetzt haßte sie sie. „Ja, sie haben ihn umgekrempelt. Dafür haben wir ihn ja zu ihnen geschickt!"

Doch noch nicht mal diese unhöfliche Antwort brachte Frau Murray aus der Ruhe. „Ich wollte auch nur klarmachen, daß ich meine Pflicht aufs beste erfüllt habe."

„Dumme Kuh!" dachte Karin. „Sogar dieser Situation kann sie noch einen Vorteil abringen!"

Als Frau Murray endlich abfuhr, machten Karin und Astrid noch einen kurzen Ausritt. Goldstern benahm sich mustergültig, er scheute kein einziges Mal.

„Ach du meine Güte! Man könnte meinen, er wäre bei Frau Murray nie auf der Koppel gewesen!“ Astrid starrte dem Schimmel mit offenem Mund nach. Sie hatten Goldstern auf der Koppel freigelassen, und jetzt raste er bokkend wie ein junges Fohlen über die Weide. Und nun – die Mädchen schrien auf – setzte er leichtfüßig über den Zaun und galoppierte weiter.

„Schnell, wir müssen ihn wieder einfangen!“ Schon rannte Karin davon, dem Schimmel hinterher.

Astrid handelte besonnener. Sie sattelte schnell ihre Lisa, steckte einige Äpfel und einen Strick in die Tasche und galoppierte dann der Schwester nach. Bald hatte sie sie eingeholt.

„Er rennt auf die Autostraße!“ rief Karin schluchzend.

Aber kurz davor bog der Wallach ab und rannte in großem Bogen in den Wald. Die Schwestern sahen sich an. „Da können wir lange suchen.“

„Ich versuche auf Lisa, ihn einzuholen, du kommst nach. Dann sehen wir weiter!“ Astrid drückte Lisa ihre Absätze in die Flanken und trieb die Stute zu Höchstleistungen. Sie schafften es zwar nicht, den Schimmel einzuholen, verloren ihn aber wenigstens nicht aus den Augen. Wenn Astrid schon glaubte, er wäre verschwunden, tauchte sein weißes Fell zwischen den Bäumen auf.

Doch dann hatte sie ihn doch verloren. Enttäuscht und ärgerlich hielt Astrid Lisa an.

„So ein Pech!“ schimpfte sie. „Kaum ist Goldstern hier, macht er uns schon wieder Ärger!“ Wütend ritt das Mädchen den Weg zurück. Als sie Karin traf, sprang sie ab. „Dein verflixtes Pferd ist weg!“ rief sie der Schwester zu.

„Mist! Was sollen wir denn jetzt machen?“

„Keine Ahnung. Ich reite jedenfalls heim und lasse Lisa auf die Weide.“ Damit stieg Astrid wieder auf und ließ die verdutzte Karin hinter sich zurück.

Als Astrid auf dem Hof ankam, erwartete sie eine Überraschung: Vor dem Stall stand Goldstern, total verdreckt und mit zerrissenem Halfter.

„Was machst du denn hier! Wo kommst du bloß her? Ich habe dich doch überall gesucht! So was. Auf, du Ausreißer, mach, daß du in den Stall kommst! Auf die Weide bringe ich dich nicht, da wär ich schön blöd.“ Kopfschüttelnd brachte Astrid die beiden Pferde in den Stall. Als Karin wenig später herbeikam, staunte sie nicht schlecht.

„Was soll das? Ich dachte, du hättest ihn nicht gefunden?“

„Habe ich aber doch. Hier, vor dem Stall!“

„Wie bitte? Vor dem Stall? Dann hätten wir ihn ja gar nicht jagen brauchen!“

„Wie schlau du bist!“ spottete Astrid und führte dann Lisa auf die Koppel. Die Stute begann sofort zu grasen, sie dachte gar nicht daran, über den Zaun zu springen.

Später überlegten die Schwestern gemeinsam, was sie machen könnten, um Goldstern am Ausbrechen zu hindern. Karin hatte eine Idee: „Die Zaunpfosten sind ja höher als der eigentliche Zaun. Wie wäre es, wenn wir um sie rot:weißes Plastikband wickeln würden? Das hätte zwei Vorteile: Goldstern könnte nicht mehr darüberspringen und die Pferde gewöhnen sich an leuchtende Farben und flatternde Bänder, was vielleicht bei Turnieren von Nutzen sein könnte.“

„Die Idee ist gut, aber woher willst du Plastikband nehmen?"

„Das kann man doch überall kaufen."

„Wie du willst, mein Geld ist es ja nicht!"

Daß sie alles alleine bezahlen mußte, störte Karin wenig, und so wurde der Zaun am nächsten Nachmittag mit rot/weißem Plastikband umwickelt, das Karin während einer Freistunde in der Stadt besorgt hatte.

Die Arbeit war etwas mühselig, aber das Resultat konnte sich sehen lassen: Die Koppel hatte plötzlich große Ähnlichkeit mit einem Turnierplatz.

„Was die Pferde wohl dazu sagen?" fragte Astrid.

„Keine Ahnung. Holen wir sie doch raus!" Schon hakten die Mädchen die Halfterstricke in die Halfter ihrer Pferde und führten die Tiere nach draußen. Karin öffnete das Gatter, und sie ließen die Pferde hinein. Lisa nahm die ganze Sache ziemlich ruhig auf: Sie schnupperte ein paarmal kurz an diesem seltsamen Zeug, dann wandte sie sich ab und rupfte einige Grashalme ab. Auch Goldstern machte kein allzugroßes Theater, er bockte ein paarmal, doch dann hatte er sich auch beruhigt.

Befriedigt sagte Karin: „So, jetzt müssen wir Goldstern nicht nochmal nachrennen."

„Das hätte ich auch nicht nochmal gemacht!" erklärte Astrid entschieden.

„Wie wäre es, wenn wir jetzt einen Ausritt machen würden?" fragte Astrid. Sie hatten mit den Pferden eine halbe Stunde lang Dressur in der Koppel geübt, jetzt wollten sie sich erst einmal erholen.

Karin stimmte diesem Vorschlag mit Begeisterung zu, und so machten die Mädchen sich auf den Weg. Sie ritten erst ein Stück Landstraße und kamen dann in den Wald.

„Galopp!" Die Pferde griffen weit aus, so daß die Bäume links und rechts nur so vorbeiflitzten. Das Tempo wurde immer schneller. Plötzlich tauchte vor den Reiterinnen eine Gruppe Spaziergänger auf, die kreischend auseinanderstob, als die Schwestern heranjagten. Nach einer Weile nahm Astrid die Zügel kürzer und parierte Lisa zum Trab durch. Auch Karin hatte keine Mühe, Goldstern zu dem langsameren Tempo zu überreden, da der Wallach nun auf jede Hilfe reagierte.

„Ein toller Ritt, nicht wahr?" lachte Astrid, als sie Seite an Seite dahintrabten.

Karin nickte nur, sie hatte einfach keine Lust zu sprechen. So hatte sie es sich immer erträumt, ein Pferd zu haben: Lange, ruhige Ausritte in allen Gangarten, eine Sache, die Spaß machte. Das war etwas anderes als die ewige Arbeit auf der Koppel!

Lisa schnaubte, ihr Fell war schon dunkel vor Schweiß. Astrid ließ sie am langen Zügel Schritt gehen. Karin tat das gleiche. Die Pferde machten die Hälse lang und rupften sich ab und zu etwas Gras vom Wegrand. Plötzlich hoben sie wie auf Kommando die Köpfe. Die Schwestern wunderten sich, doch als um die nächste Kurve ein kleiner Reitertrupp auftauchte, war ihnen die plötzliche Erregung ihrer Pferde klar.

„Oh, Herr Möller mit einer Gruppe aus der Reitschule! Ich wußte gar nicht, daß er so weite Ausritte unternimmt!" raunte Karin Astrid zu.

Die Gruppe kam näher. Es waren fünf Reiter auf Numa, Patrick, Pascha, Kaplan und Herr Möller auf einem fremden Pferd.

„Wer ist denn das?“ Astrid betrachtete die hübsche Dunkelfuchsstute genauer. Es war ein elegantes Pferd, wahrscheinlich ein Hannoveraner. Über den Kopf zog sich eine schmale Blesse hin, die ihn etwas lang wirken ließ. Auch an den Beinen hatte das Tier Abzeichen: Beide Vorderbeine waren halb gestiefelt.

„Scheint ein gutes Pferd zu sein!“ urteilte Karin.

Sie hielten ihre Pferde an. Herr Möller nickte ihnen zu. „Hallo ihr zwei! Wie geht es denn mit Goldstern, Karin?“

„Prima! Aber was haben sie da für ein Pferd?“

„Ihr meint Finette? Ich habe sie vor einigen Wochen gekauft. Sie war ein echter Glücksfall.“

„Hm.“

„Warum laßt ihr euch eigentlich nicht mehr im Reitstall sehen?“

„Ach, wissen sie, wir haben doch unsere eigenen Pferde. Da reicht die Zeit auch gar nicht aus, um nochmal extra in die Stadt zu fahren.“ antwortete Astrid eifrig.

„Nun, dann will ich euch nicht weiter aufhalten, wenn ihr so im Streß seid. Guten Ritt!“

„Danke gleichfalls!“ Die Mädchen wollten weiterreiten, doch ihre Pferde zeigten wenig Lust, ihre Kameraden zu verlassen. Ihre Reiterinnen mußten sie schon die Gerten spüren lassen, bevor sie sich wieder in Trab setzten.

Als die Schwestern wieder im Stall waren, ließen sie die Pferde auf die Koppel und machten sich daran, die Boxen auszumisten. Astrid stapelte das noch saubere Stroh in eine Ecke, während Karin den Mist in eine Schubkarre bugsierte.

„Oh, verdammt! Jetzt habe ich sie umgekippt! Pfui, der ganze Mist auf meiner Reithose! Ich stinke ja wie ein ganzer Misthaufen!“

Astrid lachte bis ihr die Tränen kamen, als sie ihre ältere Schwester so schmutzig vor sich sah. Karin fand das gar nicht komisch. Ihre schöne, frischgewaschene Reithose war nun im Eimer.

„Verflixt nochmal! Wie soll ich das bloß wieder sauber kriegen?“ Wütend begann Karin, mit einem Papiertaschentuch den schlimmsten Dreck abzuwischen.

„Laß das lieber, du verschmierst es ja nur noch mehr!“ riet ihr Astrid.

„Und was soll ich bitteschön sonst machen?“

„Heimlaufen, die Reithose in die Waschmaschine stekken, eine Jeans anziehen und dann wiederkommen und weitermachen.“

Astrid hüpfte aus lauter Übermut in der Box herum, rutschte aus und lag auch im Dreck. Doch sie lachte nur – Astrid hatte sich vorsorglich eine alte Hose über ihre Reithose gezogen.

Karin verschwand und Astrid machte alleine weiter. Sie war mit Lisas Box bald fertig und fing schon mit Goldsterns an, als plötzlich lautes Gehupe vom Hof ertönte. Bald darauf hörte Astrid eine Autotür klappen und eine Stimme sagte: „Hier also haben die Kinderchen ihre Pferde untergebracht!“

Astrid erkannte die Stimme sofort: Es war ihre Tante Paola.

„Naja, der Schimmel scheint ja einigermaßen zu sein,

aber ob die Norwegerstute was taugt . . . Mein Prinz ist von besserer Rasse."

Aha, Kusine Pia–Luisa war auch mitgekommen. Astrid mochte beide nicht sehr, sie waren so eingebildet. Pia-Luisa war die einzige Tochter und sehr verwöhnt. Sie hatte ein Pferd, einen braunen Wallach namens Prinz.

Das Mädchen trat aus der Stalltür, um Tante und Kusine zu begrüßen. „Hallo, Tante Paola, hei, Pia-Luisa!"

„Guten Tag, Astrid. Wo ist denn Karin?"

„Die müßte . . . Ah, da kommt sie ja."

Tatsächlich kam Karin gerade auf den Hof gerannt. Als sie die Tante sah, machte sie ein ganz entsetztes Gesicht. „Oh . . . Tag, Tantchen, Tag Pia!"

„Ich heiße Pia-Luisa!" warf das blonde Mädchen hochnäsig ein.

Karin und Astrid sahen sich an. Pia-Luisa war schon blöd!

„Wißt ihr, Kinderchen, eure Eltern haben uns hierhergeschickt, damit wir euch die frohe Nachricht selber sagen können: Pia-Luisa wird während den ganzen Sommerferien bei euch wohnen! Ist das nicht toll?"

Statt einer Antwort, rannten die Schwestern davon. Die ganzen Sommerferien lang sollte Pia-Luisa da sein? Diese Sommerferien, für die sie soviel geplant hatten, sollten verdorben sein. Astrid und Karin konnten es nicht fassen.

„. . . Ihr hättet sehen sollen, wie unsere Pia-Luisa auf ihrem Pferdchen sprang! Einfach himmlich! Wie sie ihr Pferd beherrscht! Das müßt ihr unbedingt einmal sehen! Einfach wunderbar!" Tante Paola konnte ihre Tochter gar nicht genug loben. Astrid und Karin kannten diese Leier schon auswendig: Pia-Luisas gute Noten, Pia-Luisas Turniererfolge, Pia-Luisas unvergleichliches Klavierspiel und so weiter.

Pia-Luisa saß während des ganzen Essens unbeteiligt da, nur hin und wieder machte sie ein paar hochnäsige Bemerkungen, wie zum Beispiel: „Mit Prinz schlage ich eure Schaukelpferde dreifach!"

Als Astrid ihr einmal eine freche Antwort gegeben hatte, bekam sie von Tante Paola eine Rüge: „Aber, aber! Wie redest du denn mit Pia-Luisa?" Astrid ärgerte sich, vor allem weil Pia-Luisa ihr einen triumphierenden Blick zuwarf.

„Na warte, dir werde ich es zeigen!" dachte sie.

Der Rest des Abends verging ruhig, und die Schwestern dachten mit Schrecken an die in 3 Tagen beginnenden Sommerferien.

Große Plage Pia-Luisa

„Hoch mit der Hinterhand, Lisa!" Doch die Norwegerstute riß das Hindernis trotzdem. Seit dem frühen Morgen übte Astrid mit ihr Springen, doch nie hatte sie mehr als 55 cm geschafft.

„Verflixt! Karin, wie machst du es bloß, daß Goldstern so gut springt?"

„Keine Ahnung. Vielleicht liegt ihm das, wer weiß?" Karin wendete ihr Pferd und galoppierte auf eine 70 cm hohe Strohballenmauer zu. Goldstern nahm sie ohne Zögern.

„Ganz nett!“

Die Mädchen fuhren herum. Am Zaun stand Pia-Luisa und musterte mit überlegenem Lächeln die Hindernisse.

„Habt ihr nichts Besseres da? Wenn morgen mein Prinz kommt, brauche ich was Anständiges! Turnierhindernisse, Oxer, Triplebare!“

„Da muß ich dich enttäuschen, so komfortabel haben wir's hier nicht. Uns reichen Strohballen, Zweige und alte Autoreifen“, sagte Astrid und versuchte die 60cm hohe Hecke aufs neue zu überspringen. Natürlich streifte Lisa wieder.

Pia-Luisa lachte laut auf. „Hilfe, was für ein toller Sprung! Das hätte Deister nicht besser gekonnt!“ spottete sie.

„Weißt du was, du eingebildete Kuh, dann versuchs doch selbst!“ Astrid sprang vom Pferd und reichte Pia-Luisa die Zügel.

„Bitteschön.“

Pia-Luisa trabte erst ein bißchen, dann wechselte sie zum Galopp und trieb Lisa an die Hecke heran. Die Stute sprang ab und setzte wieder auf – sie hatte nicht gestreift.

Ohne ein Wort zu sagen saß Pia-Luisa ab und übergab Astrid das Pferd. Dann ging sie zurück zum Zaun, setzte sich darauf und sah den Mädchen weiter zu.

Mit süßsaurem Gesicht schwang Astrid sich wieder in den Sattel und ließ Lisa über die Hecke springen. Sie sprang zwar fehlerfrei, aber nicht so sauber wie bei Pia-Luisa.

„Warum springst du denn bei mir nicht so gut? Pia-Luisa ist doch so eingebildet, von der hast du doch gar nichts!“ Erneut ritt das Mädchen an, und diesmal war der

Sprung irgendwie anders. Karin, die zugesehen hatte, applaudierte überrascht.

„Gut! Du kannst es doch! Toll!"

Sogar Pia-Luisa ließ sich zu einem anerkennenden Kopfnicken herab.

Astrid ließ ihr Pferd noch einmal springen, und wieder gelang es. „Man soll aufhören, wenn es am schönsten ist!" rief sie glücklich und brachte die Stute in den Stall.

Auch Karin fand, daß Goldstern für heute genug getan hatte und folgte Astrids Beispiel. Während die Mädchen absattelten, unterhielten sie sich lebhaft.

„Wo soll Prinz eigentlich stehen?" fragte Astrid plötzlich. „Lisa ist ja sowieso auch nachts draußen, aber bei einem Gewitter muß sie trotzdem rein."

„Ich weiß auch nicht!" sagte Karin verblüfft. Darüber hatten sie noch nicht nachgedacht. Doch Pia-Luisa löste das Problem, als sie in den Stall kam.

„Mein Prinz wird im Kuhstall untergebracht. Ich finde es zwar nicht passend für ein Pferd seiner Rasse, aber dort ist immerhin viel Platz und ein Knecht, der den Stall ausmistet, Prinz putzt und ihn auch sonst versorgt."

„Du versorgst ihn nicht selbst?" fragte Astrid ungläubig.

„Wo denkt ihr hin? Ich habe es nicht nötig, diese Stallarbeiten zu verrichten, so wie ihr."

Die Schwestern starrten sich an. Daß Pia-Luisa so war, hätten sie trotz allem nicht gedacht. So eingebildet zu sein, zu glauben, man sei ein besserer Mensch als andere – Pfui Teufel! Und mit sowas sollten sie die ganzen Sommerferien zusammensein, die ganzen Sommerferien lang, die heute begonnen hatten.

„Das halte ich nicht durch!" rief Astrid, als Pia-Luisa wieder weggegangen war.

„Ich auch nicht. Sechs Wochen diese dumme Ziege auf dem Hals zu haben ist wirklich kein Vergnügen!"

„Wenn man nur wüßte, wie man sie rausekeln könnte."

„Wenn. Man weiß es aber nicht."

„Dann laß dir mal was einfallen! Du hast doch sonst so gute Ideen!"

„Nein, jetzt bist du dran! Mir ist erst das mit dem Zaun eingefallen. Du kannst ja auch mal nachdenken."

„Bin schon dabei." Eine Weile war es ganz still im Stall. Beide suchten etwas, womit sie Pia-Luisa loswerden könnten.

„Wie wäre es, wenn wir sie überhaupt nicht mehr beachten?" überlegte Astrid.

Doch Karin lachte sie aus: „Erstens ist der das egal, weil sie uns ja selber kaum beachtet und zweitens wird sie deswegen sicher nicht wieder abreisen."

„Da hast du recht." Erneut versanken die Mädchen ins Grübeln, doch keines fand eine Lösung.

Der elegante braune Wallach schritt ruhig aus dem Transporter. Pia-Luisa klopfte ihm den Hals, damit auch ja jeder sehen konnte, daß das prächtige Pferd ihr gehörte. Dabei war keiner in der Nähe, der es nicht schon lange wußte.

„Bringen sie ihn bitte in den Kuhstall", befahl Pia-Luisa dem Knecht. Dieser beeilte sich, der Aufforderung nachzukommen, da die „junge Dame" ihm dann sicher ein oder zwei Mark Trinkgeld geben würde.

„Sehr wohl. Soll das Tier etwas Futter oder Wasser haben?"

„Einen halben Eimer Wasser und ein Netz Heu." Pia-Luisa klatschte sich mit ihrer Reitpeitsche gegen die eleganten Lederstiefel, dann folgte sie dem Knecht und ihrem Pferd in den Kuhstall.

Astrid und Karin, die während der Ankunft ihr Springtraining auf der Koppel unterbrochen hatten, übten jetzt weiter. Goldstern sprang mit Karin einen knappen Meter, Lisa schaffte immerhin 70 cm. Die Reiterinnen waren zufrieden.

„Wenn wir so weitermachen, können wir bald auf einem Turnier starten. Es gibt dutzende von Ponyspringen in unterschiedlichen Höhen, das niedrigste ist, glaube ich, 60 oder 70 cm. Das schaffen wir auf jeden Fall", meinte Karin.

„Ich weiß nicht so recht, aber versuchen können wir es ja irgendwann mal, wenn ein geeignetes Turnier hier in der Nähe stattfindet", stimmte Astrid nach einigem Zögern zu.

Die Mädchen brachten ihre Pferde in den Stall, sattelten sie dort ab und ließen sie dann auf die Koppel. Die Hindernisse konnten sie stehenlassen, da keines ein gefährliches Teil hatte und sie die Pferde nicht störten.

„Bin ich froh, daß wir schon ausgemistet haben! Jetzt müssen wir überhaupt nichts machen." Karin streckte sich im Gras aus. „Stimmt. Sag mal, was hältst du eigentlich von Prinz?"

„Er ist mit Sicherheit ein gutes Pferd und auch ein schönes, aber Goldstern ist mir trotzdem lieber."

„Lisa mir auch. Aber trotzdem – er macht einen tollen Eindruck – groß, schön, elegant . . ."

„Warum hast du dir dann nicht ihn als Pferd ausgesucht?“ unterbrach Karin sie.

„Nee, danke. Zu Pia-Luisa mag Prinz passen, aber für mich ist er viel zu teuer. Außerdem ist mir Lisa das liebste Pferd der Welt.“

„Mir Goldstern auch. Was ist – gehen wir uns Prinz mal näher anschauen?“

„Sofort.“ Die Mädchen standen auf und liefen zum Kuhstall. Als sie die Tür öffneten, hörten sie zwei Stimmen:

„. . . und denken sie dran: Morgen um neun steht mein Pferd gesattelt da, ich möchte nämlich ausreiten.“ Das war Pia-Luisa.

„Sehr wohl, das Fräulein, morgen um neun ist das Pferd bereit.“

„Das will ich hoffen. Sorgen sie dafür, daß die Box stets mit frischem Stroh eingestreut ist.“

„Natürlich, selbstverständlich. Sie werden zufrieden sein.“ Aha, der Knecht.

„Meine Güte, wie Pia-Luisa mit Johannes umspringt!“ flüsterte Karin. „Und der hat nichts anderes zu tun, als vor ihr den Bückling zu machen!“ ergänzte Astrid. Dann gingen die Schwestern in den Kuhstall. Sie waren hier noch nie gewesen. Auf beiden Seiten eines breiten Mittelgangs gab es 15 große Verschläge. In jedem standen ein oder zwei Kühe. Nur der letzte auf der rechten Seite wurde von Prinz bewohnt.

„Tag!“ sagte Pia-Luisa lässig, als sie die Geschwister erblickte.

Karin und Astrid antworteten nicht. Pia-Luisa drehte sich beleidigt um und sagte zu dem Knecht: „Also, vergessen sie nicht, was ich ihnen aufgetragen habe und passen sie auf, daß mein Pferd nicht belästigt wird." Dann wandte sich das Mädchen um und verließ den Stall.

Kaum war sie gegangen, da öffnete Karin die Box von Prinz und ging hinein.

Sogleich herrschte Johannes sie an: „Habt ihr nicht gehört, was das gnädige Fräulein gesagt hat? Los, verschwindet! Hier habt ihr nichts zu suchen!"

Wütend verließen die Mädchen den Stall.

„Blöder Johannes! ‚Habt ihr nicht gehört, was das gnädige Fräulein gesagt hat!'" äffte Karin den Knecht nach.

Auch Astrid war ärgerlich. „Bitte, soll er doch Prinz unter einen Glaskasten stellen! Ich helfe ihm jedenfalls nicht mehr beim Unkrautjäten wie neulich! Das kann er schön alleine machen."

„Genau! Und wenn er mal mit Prinz nicht zurecht kommt – der ist nämlich ganz schön temperamentvoll – braucht er nicht mit uns zu rechnen. Der blöde Kerl!"

„Komm, wir räumen mal das Regal auf. Heute morgen habe ich wie verrückt nach einem Hufkratzer gesucht, aber keinen gefunden, dabei haben wir mindestens drei!"

„Stimmt. Ich vermisse auch schon meinen Schwamm."

Das Putzregal hatte es wirklich nötig, einmal aufgeräumt zu werden. Striegel, Kardätschen, Lappen und vieles mehr lagen durcheinander und quollen fast von den Brettern. Die Mädchen warfen erst einmal alles auf den Boden und räumten die Sachen dann wieder sorgfältig ein.

„Moment, laß mal! Warte mit dem Striegel noch. Den brauchen wir jedesmal, und wenn du ihn ganz nach hinten legst, machen wir beim nächsten Putzen alles wieder unordentlich. Gib mir mal das Schweißmesser, das benutzen wir doch eh nie!"

Endlich war alles wieder ordentlich. Astrid hatte bei der Aktion ein langvermißtes Klassenarbeitsheft wiedergefunden, Karin ihr neuestes Taschenbuch mit dem Titel: Zwei Pferde und drei Hundekuchen. „Mensch, super, daß ich das Buch wieder habe! Ich hatte es angefangen zu lesen, dann aber wieder sein gelassen, weil ich ausmisten wollte. Dabei hab' ich es wohl liegengelassen!" Sie vertiefte sich in die Geschichte und war für die nächste Zeit nicht mehr ansprechbar.

Nach einer halben Stunde wurde es Astrid langweilig. „He, Karin! reiten wir noch ein bißchen?"

„Okay. Laß mich nur noch schnell den Satz hier zu Ende lesen." Karin fuhr mit dem Finger die Zeile entlang. Dann klappte sie ihr Buch zu. „Auf gehts. Wie wärs, wenn wir einen kurzen Ausritt ohne Sattel wagen würden?"

„Bitte, von mir aus." Die Mädchen nahmen das Zaumzeug der Pferde und liefen zur Koppel.

„Fhiiit!" pfiff Astrid, und schon kamen die Tiere angetrabt. Sie wurden aufgezäumt, und dann saßen die Schwestern auf. Besser gesagt, sie wollten aufsitzen.

„Uff, wie soll man da nur hochkommen? Verflixt, Lisa, jetzt bleib aber mal stehen!" Astrid hatte schon ein Bein über den Pferderücken geschwungen, als die Stute einige Schritte nach vorne machte. Astrid mußte mithickeln, da sie nicht loslassen wollte. Als das Pferd wieder stand, stieß sie sich kräftig ab und saß oben.

„Geschafft." Auch Karin war soweit. Die Pferde trabten los, dem Wald zu. Sie griffen tüchtig aus, so daß ihre

Reiterinnen manchmal nahe daran waren, abzurutschen. Doch sowohl Astrid als auch Karin kamen immer wieder ins Gleichgewicht.

„Hilfe, ich hätte nie gedacht, daß das so anstrengend ist!" stöhnte Astrid, als sie wieder auf dem Hof angekommen waren. „Ich habe überhaupt keine Schenkel mehr!"

„Ich auch nicht!" jammerte Karin und ließ sich auf einen Strohballen fallen.

„Morgen kann ich nicht mehr aufstehen."

Karin rieb ihre schmerzenden Beine. Astrid, die sich auf Lisa nicht ganz soviel anstrengen mußte, versorgte die Pferde und setzte sich dann neben die Schwester.

„Verdammt. Sowas konnte doch nur uns passieren", schimpfte sie und zerrte sich die Reitstiefel von den Füßen.

„Pia-Luisa wäre so etwas bestimmt nicht eingefallen", meinte Karin ironisch. Der Gedanke an das verhaßte Mädchen ließ die Schwestern alle Müdigkeit vergessen. Sie sprangen auf, sanken aber mit einem Aufschrei wieder zurück.

„Aua! Ich reite nie mehr ohne Sattel!" schwor Astrid.

„Doch, jetzt gerade!" rief Karin. Nein, sie wollte nicht aufgeben! Schon am nächsten Tag versuchte sie es erneut, wenn auch mit heftigem Muskelkater.

Astrid, die währenddessen Dressur übte, schaute der Schwester bewundernd nach. Sie hatte immer noch starke Schmerzen und dachte mit Grauen an den gestrigen Ritt.

Auch Pia-Luisa war dabei. Sie lehnte wie immer am Zaun, klatschte sich mit ihrer Reitpeitsche gegen die Stiefel und machte ab und zu eine herablassende Bemerkung.

„Eine tolle Vorderhandwendung!“ lachte sie hämisch. Doch Astrid ließ sich nicht aus der Ruhe bringen. Sie wußte ja, daß Lisa es auch besser konnte – warum sollte sie sich dann aufregen?

Am Nachmittag fuhr die ganze Familie in die Kreisstadt zum Einkaufen. Pia-Luisa, von ihrer Mutter reichlich mit Taschengeld eingedeckt, kaufte sich eine Menge Sachen.

„Hilfe, das ist schon das dritte Halstuch, das sie sich heute kauft!“ flüsterte Karin ihrer Schwester zu, als ihre Kusine sich in einem Kaufhaus ein Seidentuch von einer abscheulichen Farbe zulegte.

„Wie wäre es, wenn wir jetzt noch schnell in eine Eisdiele und dann in ein Reitgeschäft gingen?“ schlug Herr Berrin vor. „Gerne!“ freuten sich die Schwestern und hakten sich ein. „Wir brauchen noch Sattelseife und ein paar Säcke Kraftfutter.“

Die Familie kehrte in einem gemütlichen Café ein. Der Kellner brachte jedem einen großen Früchtebecher mit Sahne, außer Pia-Luisa, die unbedingt einen Mocca-Eiskaffee haben wollte. Schließlich schlenderten sie noch durch die Geschäftsstraßen, bis sie zu einem Reitgeschäft kamen.

Astrid stieß die Schwingtür auf und sogleich atmete sie den Geruch von Leder ein. In dem Geschäft war es ziemlich dunkel. An den Wänden des Ladenraums hingen Trensen, Halfter, Stricke und Sättel, auf einem Bord lagen verschiedene Fachbücher aus. Ein älterer Mann trat hinter einer alten Theke hervor und fragte nach ihren Wünschen. Karin verlangte eine Packung Sattelseife und drei Säcke Preßfutter mit Vitaminzusatz.

„Welche Marke? Wir haben Musselin und Barney.“

„Barney bitte."

Der Mann verschwand durch eine rückwärtige Tür und tauchte kurz darauf mit einem Sack wieder auf.

„Es tut mir leid, aber ich habe nur noch einen Sack Barney. Wollen sie dann noch Musselin?"

„Wenn es sein muß." Karin runzelte unwillig die Stirn. Bisher hatten sie immer Barney oder Kaschikfutter gehabt, und jetzt sollte es auf einmal Musselin sein. Während der Mann ging, um die restlichen Säcke zu holen, sahen die Mädchen sich im Laden um. Astrid befühlte die Trensen und Halfter, Pia-Luisa sah sich eine teure Reitjacke an, die im Schaufenster hing, und Karin betrachtete die Bücher und Zeitschriften.

„‚Neues für Roß und Reiter'" murmelte sie für sich hin und nahm das Heft in die Hand. Auf dem Titelblatt war ein eleganter Herr in Turnierkleidung neben einem prachtvollen Pferd abgebildet. Neugierig blätterte sie in der Zeitschrift. Es waren drei oder vier aktuelle Berichte über den Reitsport und die Zucht darin, eine ganze Menge über die neueste Reitmode und die besten Sattelmodelle, ferner viele Kleinanzeigen und eine Unterhaltungsseite.

Der Mann kam wieder und stapelte die drei Säcke auf dem Boden. „Noch etwas?"

„Sagen sie, wieviel kostet bei ihnen dieses Buch?" wollte Astrid wissen.

„Welches? Ach, du meinst ‚Joshee und die englischen Pferde'? Ein wirklich gutes Buch, ich habe es selbst gelesen und führe es schon seit einigen Jahren. Eine amüsante, wirklichkeitsgetreue Geschichte. Der Preis dürfte so um die 20 Mark sein, ja, Moment, genau sind es 21,80 Mark."

„Danke. Können sie es mir bitte einpacken?" Astrid zog ihren Geldbeutel aus der Tasche und legte die Summe abgezählt auf die Theke. Der Mann wickelte einige Streifen braunes Packpapier um das Buch und gab es dann dem Mädchen. Herr Berrin bezahlte noch das Futter und die Seife, dann machte sich die ganze Gesellschaft auf den Weg zum Auto. Immer zwei auf einmal mußten einen Futtersack tragen, nur der Vater schleppte seinen alleine.

„Astrid, schließ mal den Kofferraum auf!" Herr Berrin gab Astrid die Autoschlüssel. Das Mädchen öffnete den Kofferraum und alle Sachen kamen hinein.

„So, einsteigen!" sagte die Mutter und schloß den Dekkel. Die Mädchen ließen sich in die Polster fallen.

„Hach, war das schön heute!" freute sich Karin.

„Und wie!" stimmte Astrid ihr zu. „Ich bin so froh, daß ich endlich das Buch habe. In anderen Buchhandlungen kostet es 25 Mark."

„Was liegt dir eigentlich so an diesem alten Schinken?" fragte Pia-Luisa.

Astrid machte ein säuerliches Gesicht. „Das ist kein alter Schinken, sondern ein ausgezeichnetes Buch!"

„So? Woher willst du das denn wissen, wenn du es noch nicht gelesen hast?"

Darauf wußte Astrid nichts zu erwidern und Pia-Luisa lehnte sich mit einem siegesbewußten Lächeln zurück.

Eine Einladung

„Verdammter Mist!" Karin rannte durch den strömenden Regen zum Briefkasten. Während sie zum Tor lief, schimpfte sie über das unmögliche Wetter. In dem roten Kasten steckte ein Packen Briefe und die Zeitung. Karin zerrte sie heraus und beeilte sich, wieder ins Trockene zu kommen.

Im Flur streifte sie den Regenmantel und die Gummistiefel ab, dann ging sie langsam in die Küche, in der der Rest der Familie schon beim Frühstück saß. Karin legte die Post auf den Tisch und setzte sich.

„So ein Sauwetter!“ murmelte sie, als sie sich eine Schnitte Brot aus dem Brotkorb angelte.

„Da hast du recht“, meinte die Mutter und reichte ihrer Tochter die Butter.

„Ausgerechnet heute, wo ich einen weiten Ausritt machen wollte!“ jammerte Astrid. Der Vater lachte. „Seit du das Pferd hast, sagst du bei jedem Regen ‚ausgerechnet heute‘!“

„Stimmt!“ gab Astrid gleichmütig zu und grinste.

„Vater, gibst du mir mal die Zeitung? Ich möchte mir den Tiermarkt ansehen!“ Karin streckte bittend die Hand aus, doch Herr Berrin schüttelte den Kopf.

„Nein, heute wartest du, bis ich sie gelesen habe. Ich weiß noch gut, wie sie letzten Samstag aussah, nachdem du sie gehabt hattest. Ich habe keine Lust, die Blätter schon wieder ordnen zu müssen, klar?“

„Schon gut. Zeig mal, ist Post für mich dabei?“

„Moment, ich schaue gleich nach. Hier, ein Brief an Astrid und dich, eine Karte an Pia-Luisa . . . das wärs.“ Der Vater verteilte die Post. Astrid und Karin beugten sich über das Schreiben.

„Uih, vom Ponyclub Welschneudorf“, sagte Astrid bewundernd.

Pia-Luisa hob den Kopf: „Du meinst doch nicht diesen wilden Haufen Ponyreiter? Was wollen die denn von euch?"

Sie bekam keine Antwort, denn die Schwestern waren ganz in den Brief vertieft:

„Hallo, Pferdefreunde! Hiermit laden wir Euch alle herzlich zu unseren Springwettkämpfen am 14. 8. ein. Es gibt drei Klassen: Klasse C: Für Reiter und Pferde, die höchstens 3mal an einem Springturnier teilgenommen haben. Hindernishöhe 50–70 cm. Klasse B: Hindernishöhe 70–90 cm, keine Profis! Klasse A: Hindernishöhe 90–110 cm. Jeder kann mitmachen. Das Nenngeld beträgt je 12 DM; die Anmeldung ist spätestens bis zum 25. 7. abzugeben. A. Wanner, Vorsitzende des Clubs."

„Machen wir da mit?" fragte Astrid.

„Natürlich. Du in C, ich in B."

„Darf man wissen, wovon ihr sprecht?" wollte Herr Berrin wissen.

„Lies!" Karin reichte ihm das Schreiben. Dieser las und gab die Einladung an die Mutter weiter.

„Könnt ihr das denn schon?" fragte er skeptisch.

„Klar." Karin wollte ihren Vater um alles in der Welt davon überzeugen, daß eine Turnierteilnahme für sie und ihre Schwester lebenswichtig war. „Wir haben fast jeden Tag Springen geübt!" erklärte sie eifrig.

„Das stimmt!" bestätigte Astrid schnell.

„Laß sie mitmachen", meinte die Mutter und gab den Brief zurück.

„Von mir aus gerne, aber wie wollt ihr hinkommen?"

„Reiten. Es ist ja nicht weit, vielleicht 7 km, wenn wir Feld- und Waldwege benutzen", sagte Karin.

„Es wird euch ja wohl nichts anderes übrigbleiben. Aber überschätzt euch nicht – ihr müßt dafür mindestens eine Stunde einplanen, wenn ihr in gutem Zustand dort ankommen wollt. Pia-Luisa, hast du keine Lust, mitzureiten?“

„Nein danke. Ich war einmal mit Prinz dort und habe alles gewonnen. Seitdem sind ‚Profis‘ ja nicht zugelassen!“

Daß dieses neue Gesetz nicht nur galt weil s i e solchen Erfolg gehabt hatte, verschwieg Pia-Luisa lieber.

„Gott sei Dank!“ murmelte Astrid erleichtert.

„Dürfen wir aufstehen?“ fragte Karin.

„Macht schon. Bringt aber eure Teller in die Küche“, lächelte Frau Berrin.

Die Schwestern sprangen auf, schoben ihre Teller durch die Anrichte und verschwanden in ihrem Zimmer. Karin hatte im Vorbeigehen noch die Zeitung mitgenommen.

„Hobbymarkt, Minimarkt, Haushaltsmarkt . . . Tiermarkt!“ Die Schwestern lasen aufmerksam die Anzeigen durch. Obwohl sie selbst Pferde hatten, durchstöberten sie doch regelmäßig den Markt – einfach so.

„Guck mal: ‚Pluto, schöner engl. Vollblutwallach, Rappe, 7jährig, ausgezeichnetes Springvermögen, raumgreifende Gänge, viele Turniererfolge wegen Aufgabe des Turnierreitens für 15.000 DM zu verk.‘ Was meinst du dazu?“

„Das ideale Pferd für Pia-Luisa. Sie ist mit Prinz ja nicht mehr zufrieden“, meinte Karin.

„Was? Mit einem Pferd wie Prinz nicht zufrieden?“

„Hast du nicht gemerkt, wie ärgerlich sie neulich war,

als er die einsdreißig hohe Strohballenmauer riß? Oder daß er nach einer dreiviertel Stunde anstrengendem Springtraining naßgeschwitzt war?"

„Die spinnt doch! Prinz ist doch wesentlich besser als Lisa und Goldstern."

„Außerdem wird er im Herbst schon dreizehn Jahre. Aber ich glaube, sie will ihn verkaufen."

„Quatsch. Das bilden wir uns doch nur ein. Schau mal, diese Deckanzeige: ‚Granat, 5jähr. d. Fuchs, Vater Gaidanari, Mutter Blue Fanny, überragendes Springvermögen, prachtvolle Gänge, zugelassen für alle Warm- und Vollblutrassen außer Berber und Araber. Deckgeld 700 DM und 700 DM wenn Stute tragend'"

„Teuer!" stellte Karin fest. „Von dem müßte man Lisa decken lassen!"

„Du hast wohl nicht mehr alle Tassen im Schrank! Erstens werde ich Lisa wahrscheinlich nie decken lassen, zweitens ist Granat nur für Warm- und Vollblüter zugelassen und drittens ist mir das viel zu teuer."

„War doch auch nur Spaß!" versuchte Karin die aufgebrachte Schwester zu beruhigen.

„Schöner Spaß!" knurrte Astrid, die in Sachen Lisa wirklich nicht sehr humorvoll war.

Am nächsten Tag war das Wetter wieder besser, und die Mädchen, einschließlich Pia-Luisa, übten Springen. Astrid, die ihre Kusine heute genauer beobachtete, merkte, daß das Mädchen mit Prinz wirklich nicht sehr zufrieden zu sein schien. Pia-Luisa machte ein verkniffenes Gesicht und schlug ihren Wallach ziemlich oft.

„Es sieht so aus, als ob du recht hättest", flüsterte sie Karin zu, als die Mädchen die Pferde absattelten.

„Womit recht?“ fragte Karin verblüfft.

„Na mit Prinz. Du sagtest gestern, Pia-Luisa wäre mit ihm nicht ganz zufrieden.“

„Achso.“ Karin zog Goldstern gleichgültig das Halfter über. „Was ist damit?“

„Mensch, bist du heute schwer von Begriff! Vielleicht will sie ihn wirklich verkaufen!“

„Hast du deine Anmeldung schon ausgefüllt?“

Kopfschüttelnd ließ Astrid das Thema fallen. Ihre Schwester mußte einen Anfall geistiger Verwirrung haben.

„Ja. Ich habe mich für C gemeldet.“

„Okay. Ich wollte sie nämlich gleich mit zum Briefkasten nehmen. Kommst du mit?“

„Gerne, ich muß noch etwas für Mutter zum Geburtstag kaufen.“

„Stimmt, das ist ja in einer Woche! Was soll ich ihr nur schenken? In meiner Kasse herrscht Ebbe.“

„Man, wofür gibst du denn dein Geld aus? Ich habe letzten Monat bloß zwei Mark Klassenkasse hingelegt.“

„Och, bei mir warens zwodreißig für die ‚Good Girl‘, sechsfünfzig für Sattelseife, einsdreißig für irgendeinen Brief, zwosechzig für ’ne Cola . . .“

„Es langt langsam! Wenn ich du wäre, würde ich vielleicht mal sparen! Du mit deinen sechsmarkfünfzig pro Woche müßtest eigentlich eine Masse Geld haben!“

Die Mädchen ließen die Pferde auf die Koppel und machten sich auf den Weg ins Dorf. Es lag etwas unterhalb des Hofes und sie gingen eine steil abfallende Straße entlang. Astrid hatte den Geldbeutel in der Tasche ihrer Reithose, Karin hielt ihre Anmeldung in der Hand. Vor einem Briefkasten blieben sie stehen, und Karin warf den Brief ein. Dann gingen sie weiter in einen Kramladen. Das Geschäft war staubig, die Regale an den Wänden zeigten sich angefüllt mit allen möglichen Sachen. Die Preisschilder waren zum Teil schon ganz verblaßt.

Bei ihrem Eintreten bimmelte eine schwere Messingglocke. Kurz darauf wurden Schritte laut, und ein alter, gebeugter Mann erschien hinter der Theke. Er war klein und mager und blickte die Schwestern durch eine randlose Brille durchdringend an.

„Was darf's sein?“ fragte er heiser.

„Wir suchen ein kleines Geschenk für unsere Mutter zum Geburtstag“, erklärte Astrid höflich.

„Oijoijoi!“ kicherte der Mann. „Ein Geschenk für die Mutter kann niemals groß genug sein!“

„Wie sie meinen.“

„Jaja, wie ich meine! Das sagen die Leute immer! Aber den alten Ottokar legt man so schnell nicht rein! Denn“, er blickte Astrid beschwörend an, „ich bin schon alt und weise. Dann schaun wir mal, ob wir nicht was für die liebe Mutter haben . . .“

„Ach, vielleicht doch nicht! Ich bin nicht der Ansicht, daß wir hier etwas finden. Meine Mutter mag lieber moderne Sachen.“

„Soso. Wie schade, wie schade“, murmelte der Alte vor sich hin.

„Auf Wiedersehen!“ sagte Astrid und wandte sich zur Tür.

„Nein, nein, wartet noch! Ich habe bestimmt etwas für euch. Seht her!“ Der Mann nahm ein geheimnisvolles Buch aus einem der Regale. Auf dem Lederumschlag waren Flecke und Risse. Der Alte schlug die erste Seite auf. Sie war leer. Langsam blätterte er um – ein Schriftzug in altdeutscher Schrift prangte vor den Augen der Mädchen. Mühsam entzifferten sie ihn: „Pferde“. Und dann, etwas kleiner darunter: „Gesammeltes für Nicola“.

„Es ist von 1813. Das ganze Buch in Handschrift. Ich schenke es euch, wenn ihr eurer Mutter hier etwas kauft.“ Mit diesen Worten klappte er das Buch zu.

„Vielleicht finden wir doch was, oder, Karin?“ Das Buch hatte Astrid unheimlich neugierig gemacht. Karin nickte leicht, und die Mädchen suchten in den Regalen herum. Astrid entdeckte schließlich eine alte Schallplatte. Dann nahmen sie noch ein hübsches Porzellankännchen in der Art, die Mutter sammelte.

„So, da habt ihr doch noch was? Laßt schauen . . . 13 Mark für die Schallplatte und sechs für das Kännchen . . . Macht zusammen 19 Mark.“

Astrid zahlte, dann verließen sie das Geschäft.

„Ein komischer Kauz!“ sagte Karin.

„Komisch ist gar kein Ausdruck. Und das Buch hat er uns geschenkt. Warum bloß? Und ausgerechnet über Pferde. Woher er das wußte?“

„Keine Ahnung. Alte Leute können doch manchmal so etwas erahnen.“

„Meinst du?“

„Meine ich.“ Damit war das Thema erledigt und die Schwestern machten sich auf den Heimweg.

Lisa in Gefahr

„Ring, riiiiing!“

„Ich komme ja schon!“ Astrid schwang ein Bein über die Bettkante und rannte zur Haustür. „Ist was?“

Draußen stand Elli. „Astrid, Astrid!“ weinte sie. „Lisa liegt auf der Weide, sie kann nicht aufstehen! Ihr Bein ist ganz geschwollen und blutet!“

„Mein Gott, ich komme sofort!“ Noch im Schlafanzug rannte Astrid zur Koppel. Lisa lag am Boden. Es war so, wie Elli gesagt hatte: Die Stute konnte nicht aufstehen. Ihr rechtes Hinterbein hatte sie abgespreizt. Blut rann aus einer kleinen Wunde über dem Fesselgelenk, die Haut hing in Fetzen herab. Ringsum war das Bein dick geschwollen.

Ellis Vater kniete neben dem Pferd. „Ich habe Klaus schon zum Telefon geschickt, Doktor Daniels kommt sofort.“

Astrid nickte stumm. Sie glitt ins feuchte Gras und strich Lisa über die Mähne. „Meine Güte. Was hast du bloß gemacht! Ja, bleib liegen, gleich kommt der Onkel Doktor und hilft dir, ganz ruhig.“

Das Pony hielt die Augen halb geschlossen. Sein Atem ging stoßweise, man merkte, daß es hohes Fieber hatte.

Endlich kam der Tierarzt. Kaum hatte er einen Blick auf die Stute geworfen, fragte er: „Wie lange liegt sie schon hier?“

„Keine Ahnung. Gestern abend war noch alles in Ordnung.“

„Einer muß Stroh holen. Das Pferd darf nicht im Nassen liegen. Ich brauche heißes Wasser!“ Der Tierarzt legte eine Gummimatte ins Gras und breitete darauf seine Instrumente aus. Dann stemmten er und der Bauer Lisa hoch und Astrid streute eine dicke Strohschicht auf die Wiese.

Elli brachte das Wasser, und der Tierarzt begann mit der Untersuchung. Er tastete das Bein ab, murmelte irgend etwas und berührte dann die Wunde. Sogleich zuckte Lisa zusammen und versuchte, aufzustehen. Der Bauer drückte sie schnell wieder ins Stroh.

„Der Knochen ist angeknackst, wenn nicht gebrochen“, erklärte der Tierarzt. „Genaues kann ich nicht sagen, sie haben ja eben mitbekommen, wie die Stute reagiert, wenn ich die Wunde anfassen möchte. Aber ich glaube nicht, daß eine weitere Untersuchung viel Zweck hätte, da eine Heilung fast ausgeschlossen ist. Sehen sie, das Pferd hat hier schon mindestens vier Stunden gelegen, es fiebert, hat wahrscheinlich eine Lungenentzündung, wird wohl immer lahmgehen und ist vielleicht sogar Tollwutinfiziert. Es ist nämlich eine Bißwunde, sehr wahrscheinlich von einem Fuchs.“

„Heißt das . . . Heißt das, daß Lisa sterben muß?“ fragte Astrid mit erstickter Stimme.

Der Tierarzt legte dem Mädchen väterlich die Hand auf die Schulter.

„Sieh“, begann er, „vielleicht könnte man sie noch retten, aber das wäre sehr unwahrscheinlich. Außerdem wirst du Lisa nie, hörst du: nie wieder reiten können. Sie wäre ein unnützer Fresser.“

„Aber . . . aber . . .“ Astrids Stimme brach. Schluchzend barg sie den Kopf in Lisas Mähne. „Das lasse ich nicht zu!“ schluchzte sie.

Die beiden Männer sahen sich an. „Helfen sie mir, das

Tier in den Stall zu schaffen!“ Astrid schaute auf. Der Tierarzt sah nun entschlossen aus.

Der Bauer rief noch Johannes, und zu dritt stellte man Lisa auf die Beine. Halb geschoben, halb getragen brachten sie sie in ihre Box. Astrid war froh, gestern ordentlich ausgemistet zu haben, so hatte das Pferd es nun wenigstens schön sauber.

„Geh mal etwas zur Seite.“ Der Arzt kniete neben der Stute und nähte ihr vorsichtig die Wunde. Lisa wand sich in Schmerzen, doch man hatte sie nicht betäuben können, da sie sonst wohl nicht mehr aufgewacht wäre. Der Bauer drückte den Kopf des Ponys ins Stroh, damit es liegen blieb.

Nach zwanzig Minuten richtete sich der Tierarzt auf: „Ich bin fertig. Reich mir bitte mal das Wundspray. Danke.“ Lisa bekam noch eine Salbe auf die Schwellung gestrichen, ein Mittel gegen Tollwut eingespritzt und einen Verband angelegt.

„Das wärs fürs erste. Halte dein Pferd warm, Astrid. Ziehe ihm eine Decke über, gib ihr nur lauwarmes Wasser und Kleiebrei, falls sie überhaupt etwas zu sich nimmt und sage mir sofort Bescheid, wenn sich ihr Zustand verschlechtert, obwohl das kaum noch möglich ist.“

„Was ist jetzt mit dem Knochen?“

„Nicht so schlimm. An einer Stelle ist er etwas gesplittert, den Splitter habe ich schon herausgezogen. Hier sind noch zwei Mittel, die du ihr dreimal täglich eingeben sollst. Zusammen, wenns geht. Hiervor eine Tablette in Wasser auflösen und davon 15 Tropfen.“

„Danke, Herr Doktor! Wird Lisa jetzt wieder gesund?“

„Wir können nur hoffen. Und jetzt kümmere dich um dein Pferd!“

„Natürlich. Auf Wiedersehen!“ Astrid rannte in die Sattelkammer und holte Goldstern und Lisas Decken. Sie zog sie der Stute beide an.

„Jetzt wirst du zwar schwitzen, aber das ist immer noch besser, als wenn du dich erkältest. Hatschi!“ Astrid mußte heftig niesen. Immerhin lief sie seit fast zwei Stunden im Schlafanzug herum, und morgens um fünf war es auch im Sommer noch recht kühl.

„Hatschi, hatschi! So ein Mist, ich kann dich doch nicht alleine lassen! Aber wenn das so weitergeht, werde ich selbst krank. Hatschi!“

„Laß mal, Astrid! Ich bleibe solange bei ihr. Schließlich ist es ja auch meine Schuld. Hätte ich die Warnung von Bauer Ider ernst genommen und besser aufgepaßt, wäre das gar nicht erst passiert!“

„Danke! Sagen sie, wie haben sie Lisa eigentlich gefunden?“

„Oh, das lag an Elli. Sie wandelt nämlich im Schlaf, weißt du? Und heute morgen hörte ich ein Geräusch im Hof – das war sie. Ich wollte die Kleine natürlich sofort holen, und dabei habe ich Lisa entdeckt.“

„Achso. Naja, ich gehe mich jetzt umziehen und komme dann, auf Wiedersehen!“

„Astrid, wo kommst du denn her?“ Karin rieb sich den Schlaf aus den Augen und gähnte.

„Wo ich herkomme?“ Astrid lachte bitter. „Vom Stall. Lisa ist von einem tollwütigen Fuchs gebissen worden. Jetzt hängt ihr Leben an einem – hatschi – seidenen Faden. Bis gleich, ich muß wieder zu ihr!“

Astrid rannte davon und ließ die völlig verdutzte Karin zurück.

„Lisa in Lebensgefahr . . . Ach, auch egal, ich will schlafen!" murmelte sie und wollte eben wieder unter die Bettdecke kriechen, da war sie plötzlich hellwach. „Was? Lisa in Lebensgefahr!!!?" schrie sie und sprang aus dem Bett. Fünf Minuten später stand sie neben Astrid vor Lisas Box.

„Sie schläft jetzt", erklärte der Bauer.

„Gut. Danke für ihre Hilfe, gehen sie doch wieder schlafen!"

„Schlafen? Ich muß zu meinen Kühen. Bis später!" Der Bauer ging hinaus, um die Melkmaschine klar zu machen, während Astrid und Karin Goldstern versorgten.

„Der hat ja auch Hunger!" meinte Karin energisch.

Lisa lag immer noch mit geschlossenen Augen im Stroh. Astrid stiegen die Tränen in die Augen, als sie die Stute so krank vor sich sah. Sie öffnete die Box und kniete neben ihrem Pferd nieder. Lisa zeigte keine Reaktion. Sie trank auch kein Wasser – damit, daß sie fraß, hatte Astrid auch nicht gerechnet.

Karin räumte im Stall auf und ging dann nach Hause, um den Eltern von Lisas Verletzung zu erzählen.

Einige Tage waren vergangen. Astrid saß Tag für Tag mit trübsinnigem Gesicht in Lisas Box. Die Stute war stark abgemagert, ihre Augen waren trübe, das Bein dick angeschwollen. Sie fraß nichts und hatte so gut wie nichts getrunken. Der Arzt schaute täglich vorbei, gab ihr Spritzen, machte Umschläge – nichts half.

„Da ist nichts mehr zu machen." Der Doktor richtete sich auf und sah Herr und Frau Berrin gerade ins Gesicht. „Das Tier ist am Ende. Eine weitere Behandlung ist unnütz, sie würde das Pferd nur noch quälen. Sehen sie sich die Stute doch nur einmal an!“ Der Tierarzt wies auf die reglose Lisa. „Die Chancen stehen 1000:1. Selbst wenn sie es trotz allem überlebt, würde das Bein niemals wieder in Ordnung kommen. Lisa würde für immer lahmen.

„Ja . . . Dann . . . dann wird es wohl das beste sein, wir lassen sie einschläfern . . .“ meinte Herr Berrin zögernd. Astrid stand auf und ging langsam aus dem Stall. Frau Berrin sah ihr betroffen nach.

„Es ist wohl besser, wenn sie nicht dabei ist, oder?“

„Wahrscheinlich. Nun, sie können es sich ja noch mal überlegen, was meinen sie? Ich muß noch einige Patienten besuchen, danach komme ich wieder. Vielleicht reden sie noch mal mit ihrer Tochter?“

„Das wird das beste sein. Also dann auf Wiedersehen, Doktor!“ sagte Herr Berrin und begleitete den Tierarzt zu seinem Wagen. Frau Berrin machte sich auf die Suche nach Astrid.

Sie fand sie schließlich hinter dem Stall im Gras sitzen.

„Astrid, Kind!“

„Laß mich in Ruhe! Ich mag nichts hören. Geh weg!“

„Sieh mal, auch mir fällt es schwer, Lisa zu töten. Und ich weiß, wie du dich jetzt fühlst. Dir geht es genauso wie mir früher, als ich noch meinen kleinen Pudel hatte. Eines Tages fraß er Rattengift und starb. Was meinst du, wie lange ich ihm nachgetrauert habe! Aber vergessen – nein, das werde ich ihn nie. So wie du Lisa auch nie vergessen wirst, wenn sie erst einmal tot ist. Du bekommst ja auch ein anderes Pferd, das wird dir helfen, darüber hinwegzukommen.“

„Was soll ich mit einem anderen Pferd? Ich will Lisa? Sie soll nicht sterben!“ schluchzte Astrid.

„Es geht im Leben manchmal anders, als man es sich wünscht, das solltest du langsam begreifen. Es ist auch besser für Lisa, wenn man sie von ihrem Leiden erlöst.“

„Macht doch was ihr wollt! Euch sind die Tiere doch egal.“

„Jetzt wirst du aber ungerecht!“ sagte Frau Berrin scharf. „Ich kann deinen Schmerz gut verstehen, aber du darfst dich nicht selbst belügen. Vater und ich würden dein Pony gerne retten, doch du hast selbst gehört, was der Tierarzt gesagt hat: wir würden Lisa nur noch quälen. Denk doch auch mal an das Pferd! Du hast ja keine Schmerzen zu ertragen, du möchtest nur dein Pony behalten. Überleg es dir noch mal!“

Astrid schwieg eine Weile und sagte dann leise: „Okay.“ Als sie das gesagt hatte, kam sie sich wie eine Verräterin vor, denn sie hatte ein Todesurteil ausgesprochen. Lisa mußte sterben. In ihren Ohren rauschte es und der Hals schmerzte vor lauter unterdrücktem Weinen.

„Sag, daß das nicht wahr ist, Mama, bitte sag, daß das nicht wahr ist!“ schrie sie und begann hemmungslos zu heulen.

Frau Berrin nahm ihre Tochter in die Arme. Sie wußte, was in dem Mädchen vorging.

„Und?“ Der Tierarzt sah Herrn Berrin an.

„Einschläfern. Aber bitte, machen sie schnell!“

Der Arzt nickte und füllte eine kleine Spritze mit einer hellen Flüssigkeit. Dann beugte er sich über die Stute. Er untersuchte sie noch einmal kurz und meinte dann nachdenklich: „Hm, es sieht wirklich so aus, als ob eine minimale Besserung eingetreten ist. Sie könnte es schaffen . . . Allerdings besteht nur wenig Hoffnung. Wir können noch einen zweiten Tierarzt hinzuziehen, wenn es ihnen nicht zu teuer wird."

„Wieviel?" fragte Herr Berrin knapp.

„Zwei- bis Dreihundertmark."

„Dann helfen sie ihr."

Der Arzt legte die Spritze weg und tastete Lisa vorsichtig ab. Dann hob er ihre Augenlider an und fühlte den Puls.

„Es ist nicht mehr ganz so schlimm wie vorhin, aber noch steht alles offen . . ." Er füllte eine andere Spritze und drückte sie in den Pferdekörper. Das Pferd reagierte zwar immer noch nicht, aber das machte nichts. Der Arzt löste eine Tablette und etwas Pulver in Wasser auf und flößte es Lisa ein. Danach öffnete er den Verband an ihrem Bein, sah es sich kurz an und strich eine Salbe darauf. Dann machte er einen neuen Verband und erhob sich.

„Das Bein sieht immer noch sehr böse aus. Es kann sein, daß sie eine Blutvergiftung bekommt, darum habe ich ihr noch eine Spritze gegeben. Aber wie gesagt . . . Sie könnte es schaffen."

„Danke, Herr Doktor. Können wir noch irgend etwas für Lisa tun?"

„Man müßte den Schimmel aus dem Stall haben, er poltert zu viel herum. Aber das wird nicht gehen, auf der Koppel können sie ihn schließlich nicht lassen, sonst wird er auch noch angefallen. Ansonsten versuchen sie nur weiter, ihr die Medikamente einzugeben, die Astrid hat. Es sind Vitamintabletten, Tropfen, um das Herz und die Lunge zu stärken und das hier", er hielt noch eine Tablettenpackung hoch, „das ist – so komisch es auch klingen mag – für den Kreislauf. Besser gesagt, für die Zellen. Es sind wichtige Aufbauelemente. Davon 6mal am Tag 2 Tabletten. Die anderen Sachen geben sie ihr jetzt 5mal täglich."

„Ja. Sie kommen doch weiterhin jeden Tag?"

„Selbstverständlich. Aber auch sonst muß ständig jemand bei ihr sein. Auf Wiedersehen, der nächste Patient wartet schon auf mich."

„Auf Wiedersehen, Herr Doktor." Der Tierarzt gab Herr und Frau Berrin die Hand und verließ dann den Stall. Auf dem Hof stieg er in seinen blauen BMW und fuhr davon.

„So, jetzt müssen wir Astrid suchen", meinte Frau Berrin.

„Natürlich. Ich frage mich nur, wo sie sich jetzt verkrochen hat."

„Wenn ich es wüßte, würde ich es dir sagen."

Die Eltern wollten gerade mit Suchen anfangen, da kam Astrid in den Stall. Sie schluchzte und beugte sich über ihr Pferd.

„Astrid", sagte die Mutter leise, „Lisa ist nicht tot."

Das Mädchen hob sein tränennasses Gesicht. „Das sagt ihr doch nur, um mich zu trösten!"

„Sie lebt wirklich noch!"

Astrid fühlte, immer noch in dem Glauben, die Stute wäre tot, Lisas Puls. Schlagartig richtete sie sich auf. „Ihr habt sie nicht einschläfern lassen?"

„Nein, mein Kind. Der Doktor hat doch noch eine Besserung festgestellt. Er sagte, sie könne es doch noch schaffen."

Behutsam strich Astrid der Stute über die Nüstern. Sie fühlte sich so unsagbar erleichtert, so unsagbar froh. Doch auch jetzt bekam ihre Freude einen Dämpfer.

„Sie kann aber trotzdem sterben, Astrid."

„Aber nicht unbedingt?"

„Nein, nicht unbedingt."

„So, jetzt versorg sie erst einmal", mischte sich der Vater ein. „Du mußt die beiden letzten Wochen der Sommerferien ausnützen!"

„Stimmt, die Schule fängt ja schon bald wieder an! Wer soll denn dann Lisa versorgen?"

„Da werden wir schon jemand finden. Mach dir darüber jetzt keine Sorgen. Mutter und ich, wir müssen jetzt heim. Karin ist noch da, sie trainiert schon fleißig, in einer Woche ist ja das Turnier. Bis heute abend!

„Tschüß!" Astrid machte sich mit Feuereifer an die Arbeit. Zuerst mistete sie Goldsterns Box aus, dann streute sie in beide Boxen neues Stroh ein und gab Lisa ihre Medizin.

„So, meine Kleine, trink schön, dann kommst du auch durch. Der Doktor sagt, du würdest es schaffen, Gute." Es war kaum zu glauben, aber wahr – Lisa öffnete die Augen und machte einen kleinen, etwas mißlungenen Schnauber!

Astrid standen die Tränen in den Augen. Sie weinte und lachte zugleich, streichelte das Fell des Ponys und zauste seine Mähne. Lisa lag jetzt zwar wieder ruhig, aber sie hatte immerhin ihre Stellung verändert. Von da an ging es aufwärts mit Lisa.

Springturnier in Welschneudorf

„Tschüß!"

„Tschüß!" Astrid winkte ihrer Schwester nach, die gerade auf Goldstern davonritt. Karin war auf dem Weg nach Welschneudorf, auf dem Weg zu ihrem ersten Springturnier. Astrid wäre gern mitgekommen, aber sie konnte Lisa einfach nicht alleine lassen. Die Stute war zwar deutlich auf dem Wege der Besserung, aber ihre Besitzerin wollte nichts riskieren. Außerdem sollte das Pony heute zum ersten Mal auf die Beine gestellt werden, und das wollte Astrid nicht versäumen. Es reichte wohl aus, wenn Pia-Luisa auf Prinz die beiden begleitete.

Der alte Sportplatz war mit bunten Fähnchen geschmückt, aus einem etwas betagten Lautsprecher dudelten alte Schlagermelodien, am Rand des Platzes waren eine Würstchenbude, ein Getränkestand und 5 Reihen Zuschauerbänke.

Goldstern spielte nervös mit den Ohren und ging mit unsicheren Tippelschritten vorwärts. Karin mußte ihn mehrmals spüren lassen, daß sie eine Gerte in der Hand hielt, sonst wäre er wohl ganz stehengeblieben.

„Der will wohl nicht so recht!" grinste Pia-Luisa von dem seelenruhigen Prinz herunter. Karin antwortete nicht, sondern stieg ab und führte Goldstern in eine etwas ruhigere Ecke, wo sie ihm das Sattelzeug abnahm und ihn mit Halfter und Strick an einem Baum festband.

„Ich gehe mal schauen, wie das Programm ablaufen soll und besorge mir meine Startnummer." Karin ließ die verblüffte Pia-Luisa sitzen und machte sich auf die Suche nach einem Büro. Sie fand schließlich einen Tisch, auf dem ein Schild stand: Anmeldung!

Karin reihte sich in die Schlange der Wartenden ein. Endlich kam sie dran.

„Karin Berrin, Goldstern", sagte sie.

„Hier, bitteschön, deine Nummer! Es ist die 26. Hoffentlich bringt sie dir Glück!" Das Mädchen hinter dem Tisch lächelte und reichte Karin 3 Pappschilder.

„Das hoffe ich auch." Nachdenklich ging Karin über den Turnierplatz zurück.

„Programme, Programme!"

Sie wäre beinahe gegen eine junge Reiterin, die Programme verkaufte, gerannt.

„Oh, entschuldige bitte."

„Macht nichts. Magst du ein Programm?"

„Ja gerne."

„Eine Mark."

„Hier." Karin blätterte in dem dünnen Heftchen. In 3 Minuten sollten die Dressurreiter drankommen, eine Stunde später war das C-Springen und noch mal eine Stunde später kam sie dann an die Reihe.

Goldstern fraß eifrig Gras. Prinz döste vor sich hin und Pia-Luisa hatte sich in den Schatten gesetzt.

„Hei, wo warst du denn so lange?"

„Meine Nummer holen und ein Programm kaufen."

„Wann bist du dran?"

„Das B-Springen ist in 2 Stunden."

„So spät? Was ist denn noch davor?"

„Dressur und C-Springen . . . Ne, halt mal – die Dressur fällt ja weg, die ist ja erst heute nachmittag! Wo hab ich da bloß meine Augen gehabt?"

Die Stunde ging schnell herum. Karin schaute etwas beim C-Springen zu, dann putzte und sattelte sie Goldstern. Der Schimmel schnaufte nervös, als Karin zum Warmreiten in den Sattel stieg. Sie waren als dritte dran, deshalb ritt Karin schon, bevor sie den Parcours besichtigt hatte.

„Pia-Luisa, hältst du Goldstern mal? Ich muß mir den Parcours anschauen!"

„Klar, gib her!"

Pia ist heute in Ordnung! dachte Karin und spurtete auf den Platz. Dort hatte man 7 Hindernisse aufgebaut. Karin schritt sie mit vielen anderen Reitern ab. Der erste Sprung war ein einfaches Rick, ungefähr 65 cm hoch, hier würde Goldstern keine Schwierigkeiten haben. Dann war da ein großer Blumenkübel. Ein ungewöhnliches Hindernis, aber nicht hoch. Nun mußte man einen weiten Bogen reiten, um dann an eine Kombination zu kommen: ein Oxer und eine Hecke. Karin entdeckte beunruhigt, daß zwischen den beiden Sprüngen nur Raum für etwa drei verkürzte Galoppsprünge blieb. Es folgten noch eine Mauer (sie war das höchste Hindernis) und eine zweite Hecke. Doch dann, das letzte Hindernis machte Karin am meisten Sorgen: Zwei dicke, bunte Fässer. Solch ein Hindernis kannte Goldstern nicht.

Unruhig lief sie zu ihrem Pferd zurück, welches inzwischen von Pia-Luisa im Schritt bewegt worden war.

„Und, wie steht's?"

„Es geht. Hoffentlich springt Goldstern über die Fässer!"

„Trübsal blasen hilft in dem Fall überhaupt nicht. Reite lieber noch ein bißchen und nimm einmal den Probesprung!"

Karin tat, wie ihr gesagt wurde und ritt dann noch etwas hin und her, bis sie aufgerufen wurde.

„Deine Eltern sind da. Die ersten beiden hatten je 8 Fehler. Hals- und Beinbruch!"

Das letzte hörte Karin schon gar nicht mehr, sie war schon auf dem Parcours. Die Richter grüßen . . . So, das Startsignal war gegeben! Karin setzte Goldstern in einen ruhigen Galopp und steuerte vorsichtig auf das Rick zu. Goldstern setzte elegant hinüber, und Karin atmete auf. Soweit, so gut! Nun kam der Blumenkübel. Der Wallach stutzte, sprang dann aber leichtfüßig hinüber. Karin ging in versammeltem Galopp in die Kurve. Die Kombination! Sie ließ den Schimmel für den Oxer etwas zulegen und kam so mit viel zu viel Tempo an die Hecke heran. Die Zweige flogen in alle Richtungen, als Goldstern mit der Vorderhand die Halterung umwarf. Aber immerhin – er war gesprungen. Karin flüsterte leise: „Brav!", dann stellte sie sich in die Steigbügel und lehnte sich weit vor, als der Wallach über die Mauer flog. Die Hecke schaffte das Pferd spielend, doch jetzt, nach einer engeren Kurve lagen die Tonnen da. Goldstern sah sie, stutzte wieder und blieb stehen. Karin ritt eine Volte, gab ihrem Schimmel eins mit der Gerte und trieb ihn so entschlossen vorwärts, daß Goldstern einen riesigen Satz machte und dann bockend das Ziel passierte.

„Nr. 26. Karin Berrin auf Goldstern, 7 Fehlerpunkte!"

„Guter, Braver!" Karin klopfte ihrem Pferd glücklich den Hals. Nur 7 Fehlerpunkte – das war mehr, als sie erwartet hatte.

„Super!" Es klang so, als ob Pia-Luisa sich wirklich freute. Dann kamen Karins Eltern.

„Gut, Karin!" Der Vater klopfte Goldstern den Hals und seiner Tochter auf die Schulter. „Du hast dich sehr gut gehalten."

„Vater hat recht. Ihr wart wirklich gut", stimmte auch Frau Berrin zu.

„Vielleicht gibt es sogar einen Preis?" meinte Karin.

„Das kann schon sein. Wir schauen uns noch die anderen Reiter an. Du kannst ja zu uns kommen, wenn du Goldstern versorgt hast. Wir sitzen direkt am Start."

„Okay, mach ich!" Karin sattelte Goldstern ab. Die Trense ließ sie lieber noch dran, denn wenn es eine Schleife gab, blieb keine Zeit mehr, den Schimmel fertig zu machen. So band sie ihn nur unter einem Baum an und ging dann zu Pia-Luisa und ihren Eltern.

„Wer führt bis jetzt?" fragte sie.

„Irgendeine Reiterin vom Klub, Sandra Jansen oder so. Sie hatte null Fehler", antwortete die Mutter.

„Sarah Jansen auf Atjim (sprich Atschim)", verbesserte Pia-Luisa.

„Hm. Wo liege ich?"

„Keine Ahnung, der Schimmel kann aber springen!" Pia-Luisa blickte aufmerksam in die Bahn. Ein Connemarapony übersprang gerade ein Hindernis nach dem anderen – der zweite fehlerfreie Ritt.

„Super reitet die! Wer ist das?" fragte Karin begeistert.

„Wie, die kennst du nicht? Melanie Becker mit ihren beiden Ponys ist doch überall bekannt."

„Ach die! Von der habe ich auch schon gehört. Welches Pony ist das denn?"

„Mensch, du bist vielleicht informiert! Natürlich Gorian Flipper! Flaviar-Vicki geht doch lahm. Er ist noch viel besser als Gori. Jetzt hat sie allerdings noch ein neues Pony, eine Halbaraberstute. Suleika heißt sie. Man sagt, sie springe 1,80 hoch."

„Echt?"

„Sagt man, aber das ist natürlich Quatsch. Guck mal, der Reiter auf dem dunkelbraunen Wallach da, das ist Torsten Mac Crobyer."

„Ich verstehe alles."

„Man, der ist Meister im Ponyspringen! Ich wußte gar nicht, daß er seine Nachwuchspferde auch hier Turnierluft schnuppern läßt."

„Ob er den behält? Der reißt ja alles!" Der Braune auf dem Parcours schien seine eigenen Beine zu verwechseln. Bei dem Pony stimmte überhaupt nichts. Nach 5 Sprüngen zog Torsten Mac Crobyer die Kappe und gab auf.

„So ein Feigling!" Pia–Luisa schüttelte verächtlich den Kopf.

„Ich wäre durchgeritten – dieses komische Pony muß doch lernen, wer sein Meister ist!"

„Sei nicht ungerecht. Vielleicht ist es sein erstes Turnier, und es ist völlig durcheinander."

„Na und? Jetzt sei still, das war nämlich der letzte Reiter, gleich werden die Ergebnisse bekanntgegeben!"

Es knackte im Lautsprecher und eine Stimme sagte: „Wir wollen nun die Ergebnisse des heutigen B-Springens bekanntgeben! Ich bitte die Nummern, 2, 14, 27, 8, 19, 12, 7, 26, 6, 16, 20 und 3 zur Siegerehrung in die Bahn!"

„Nummer 26, das bin ja ich!" rief Karin und rannte davon, um Goldstern zu satteln. Fünf Minuten später ritt sie als letzte ein.

„Wir bitten die Reiter und Reiterinnen sich in folgender Reihenfolge aufzustellen: 1. Melanie Becker auf Gorian-Flipper, 2. Sarah Jansen auf Atjim, 3. Liselotte Braun auf Fire, 4. Simone Gottschalk auf Prinz Emir, 5. Tanja Weigner auf Fee, 6. Ines Ottken auf Maxi, 7. Tajana Brunsen auf Lady, 8. Karin Berrin auf Goldstern, 9. Hans Müller auf Winnetou, 10. Wolfgang Knapp auf Jonas, 11. Eva Vogt auf Nero, 12. Gert Müller auf Candy."

Es dauerte eine Zeitlang, bis jeder Reiter seinen Platz gefunden hatte, doch dann standen alle ordentlich in einer Reihe. Die Preisrichter verteilten Rosetten und Ehrenpreise, dann ritt man unter dem Beifall der Zuschauer die Ehrenrunde.

Während Karin überglücklich ihre grüne Schleife betrachtete, stützte Astrid sieben Kilometer weiter Lisa, die in diesem Augenblick zum erstenmal wieder auf den Beinen stand. Die Stute schwankte, Hals und Flanken waren naß von Schweiß.

„Gut Lisa, gut. Fein machst du das! Ja, gleich darfst du dich wieder hinlegen!"

„So, nun ist es fürs erste Mal genug", bestimmte der Tierarzt. Der Bauer, Johannes und er ließen die Norwegerin wieder ins Stroh gleiten. „Sie werden sie nun öfters hochstellen müssen – solange, bis sie es selbst kann. In den ersten Tagen einmal, später bis zu viermal täglich. Aber ich rechne damit, daß sie in zwei Wochen schon wieder so ziemlich hergestellt sein wird und auch wieder auf die Koppel darf."

„Das wäre schön!" Astrid, die mit einem Handtuch ihr

Pony trocken rubbelte, schaute hoch. „Spitze wäre das. Lisa würde bestimmt auch mal gerne wieder hinaus."

„Natürlich. Pferde sind doch auch Lauftiere. Naja, dann versorg sie mal weiter so gut wie bisher und führ sie auch mal einige Schritte herum, damit sich ihre Muskeln kräftigen. Wenn du sie dann auf die Weide läßt, achte darauf, daß sie sich nicht am Gras überfrißt oder wie eine Verrückte herumrast. Für den Anfang genügt eine halbe Stunde Auslauf völlig. So, ich muß mich wieder auf den Weg machen. Im Reitstall geht ein Pferd seit einer Woche lahm, ich soll es mir mal ansehen."

„Wer denn?"

„Keine Ahnung. Naja, dann auf Wiedersehen!"

„Auf Wiedersehen, Herr Doktor! Und richten sie doch bitte Herrn Möller schöne Grüße aus, wenn sie ihn sehen."

„Mach ich", versprach der Tierarzt und fuhr davon. Astrid gab Lisa etwas Hafer in eine flache Futterschüssel und hielt sie ihr hin. Die Stute schnoberte daran herum und drehte dann den Kopf weg.

„Bist du noch so k. o.?" fragte Astrid mitfühlend und breitete eine Wolldecke über ihr Pferd. „Ruh dich mal schön aus. Du wirst sehen, morgen geht es dir schon viel besser. Bald wirst du wohl auch alleine aufstehen können. Nur schade, daß die Schule bald wieder anfängt!"

Da wieherte Lisa plötzlich und von draußen kam Antwort.

„Karin, wie war es denn?" Astrid stürzte nach draußen, um die Schwester zu begrüßen.

„8. Platz!" jubelte diese.

„Toll! Mit wieviel Fehlern?"

„Sieben Fehler. Einmal gerissen bei der Kombination, und an den Fässern verweigert. Es war nicht zu vermeiden."

„Na, Fässer kennt Goldstern ja auch noch nicht. Und reißen – das kann doch mal passieren!"

„Logo. Und jetzt muß ich mich auch mal am Riemen reißen, sonst schaffe ich es nicht mehr, noch ein bißchen für die Schule zu lernen!"

Ich glaube, es geht auch ohne Schläge!

Karin hatte recht. Schnell kam der Alltag wieder. Pia-Luisa und Prinz waren abgefahren. Das heiße Wetter war vorbei und die ersten Blätter wurden gelb. Der Herbst zog ins Land.

Lisa war nun fast völlig gesund. Astrid begann, sie vorsichtig wieder zu reiten. Täglich ging es für eine Viertelstunde ins Gelände – ohne Sattel und natürlich im Schritt. Beide genossen diese ruhigen Ritte. Bald begann Astrid auch, mit ihr an der Longe zu traben, was der Stute anscheinend nichts ausmachte.

Karin bemühte sich währenddessen, Goldstern für die Hubertusjagd des Reitvereins zu trainieren, bei der sie mit ihm starten wollte.

Eines Tages, Karin war auf Goldstern weggeritten, ritt Astrid auf der Koppel. Der Boden war etwas feucht, aber wenn man die schlimmsten Stellen umgehen würde, müßte man ohne weiteres reiten können.

„Gut, daß die Sonne alles wenigstens einigermaßen getrocknet hat, was, Lisa? Sonst müßte ich dich heute im

Stall lassen, ich will nicht riskieren, daß du ausrutscht und dir womöglich dein Bein erneut verletzt! Ruhig, jetzt geht's erst mal im Schritt, gleich darfst du traben."

Das tat Lisa auch. Zwar lief sie langsam und lahmte leicht, schien aber keine Schmerzen zu haben. Astrid parierte sie nach einer halben Runde wieder vorsichtig durch und ließ das Pony Schritt gehen. Lisa schwitzte leicht, sie hatte keine Kondition und Astrid brachte sie wieder in den Stall. Als Astrid gerade am Einstreuen war, kam Karin herein.

„He, wo kommst du denn her?"

„Ich? Ich war mit meinem Dicken im Gelände. Er hat sich heute prima benommen! Wenn das so weitergeht, werde ich Fuchsmajor! Du, da fällt mir was ein – wann hast du am Montag Schulschluß?"

„Nach der fünften Stunde, wieso?"

„Dann könntest du vielleicht für mich zu Herrn Möller gehen und mich für die Jagd anmelden, ginge das?"

„Schon, aber warum rufst du nicht einfach an?"

„Weil ich keine Lust dazu habe, darum! Gehst du jetzt oder nicht?"

„Klar, mach ich. Nur schade, daß ich mit Lisa nicht dabeisein kann."

„Das stimmt. Ich würde dir ja Goldstern überlassen, aber dann kann ich ja selbst nicht mitreiten."

„Das ist klar. Aber das macht nichts. Als Entschädigung mache ich mit ihr einen schönen Ausritt. Hilfst du mir, meinen Zaum einzufetten? Ich müßte das wirklich viel öfter machen, aber ich habe nie genug Zeit."

„Ist gut. Bei der Gelegenheit wasche ich noch meine Satteldecke." Als die Schwestern wenige Minuten später im Gras saßen und ihr Sattelzeug säuberten, waren sie so froh wie schon lange nicht mehr.

„Herrlich! Der Geruch von Leder und Pferden, die klare Herbstluft, die Vögel, der Wind, die Wolken und die Pferde . . .“

Karin lachte, doch es war ein zufriedenes Lachen. „Hm . . . Ich bin Ma und Pa ja so dankbar . . . Weißt du noch, vor einem Vierteljahr waren wir zwei unzufriedene Mädchen, die nur einen Wunsch hatten . . .“

„Jaaaa . . .“ machte Astrid gedehnt. „Aber schön war es trotzdem. Mit Salomo und Patrick, Gräfin und Dolina, Pascha, Kaplan, Numa und den ganzen Privatpferden . . .“

„Und Herrn Möller.“

„Und Heike, Annabell . . .“ Nach und nach zählten die Mädchen alle aus dem Stall auf, gruben in Erinnerungen, gingen Reitstunden durch und so weiter. Sie dachten daran, wie lange sie nicht mehr dort gewesen waren.

„Du, Astrid . . . Morgen ist doch Sonntag. Meinst du nicht, wir sollten mal rüberreiten. Im Schritt brauchen wir für eine Strecke eine Stunde.“

„Geht nicht. Wir fahren doch zu Tante Christel.“

„Ach so, das hatte ich vergessen. Schade. Gib mir mal die Seife!“

„Hier.“

Die Schwestern arbeiteten angestrengt weiter, und nur gelegentlich fiel ein Wort.

„Fertig. Ich mache schon mal den Stall, okay!“

„Okay. Bei mir dauert’s noch ein bißchen, ich kriege das Genickstück einfach nicht sauber.“

„Damit habe ich auch immer Mühe. Na, viel Spaß dabei!“

„Bah!“ Es dauerte wirklich ziemlich lange, bis Astrid endlich fertig war und der Zaum wieder ordentlich an seinem Platz hing. Karin hatte in der Zwischenzeit schon beide Boxen ausgemistet und die Wassereimer gefüllt. Zusammen holten sie dann die Pferde rein und gaben ihnen etwas Kraftfutter und Heu für die Nacht.

„Du, Astrid, wenn du willst, kannst du Goldstern auch mal reiten.“

„Ja? Danke. Wenn du Lust hast kannst du Lisa auch mal reiten.“

„Hm. Weißt du, in unserer Klasse ist eine Neue, die sich auch für Pferde interessiert. Sie ist sehr nett und soll gut reiten können. Ich habe sie für Dienstag zu uns eingeladen. Gibst du ihr Lisa? Wir würden nämlich gerne zusammen ausreiten.“

„Klar kannst du sie haben. Ich fürchte nur, daß euch dann das Reiten keinen Spaß macht. Du weißt doch, sie muß viel im Schritt geritten werden.“

„Klar. Aber wir können ja auch abwechselnd auf der Koppel reiten. Danke, Astrid!“

„Bitte!“

Am Dienstag um halb vier war Karins neue Freundin zur Stelle.

„Hallo, Karin!“

„Tag, Sylvia. Schön, daß du da bist. Sollen wir gleich die Pferde fertigmachen? Du bekommst Astrids Pony.“

„Achja, Lisa, nicht wahr? Die Stute, die so krank war.“

„Richtig.“ Astrid, die gerade mit Lisa von der Koppel kam, nickte.

„Es ist eine 5jährige Norwegerstute ohne Abstammung. Sie kommt aus Belgien. Leider kann man sie jetzt nur noch sehr vorsichtig reiten."

„Ich weiß. Wo ist ihr Sattel?"

„Ich reite immer ohne.Meine Mutter hat mir an eine feste Decke Steigbügel genäht. Das ist Lisa nicht zu schwer und ich kann trotzdem leichttraben."

„Ah. Naja, immer noch besser als nichts", meinte Sylvia geringschätzig.

„Du brauchst sie natürlich nicht zu reiten!" Beleidigt machte Astrid mit Lisa kehrt und führte die Stute in den Stall. Wenige Minuten später ritt sie an dem verblüfften Mädchen vorbei in den Wald.

„Herrje, ist die empfindlich!"

„Finde ich nicht. Du warst ziemlich herablassend. Komm, ich zeige dir Goldstern." Karin hatte den Wallach schon früher geputzt und in den Stall gebracht, um gleich reiten zu können.

„Wau, ein Superpferd hast du da! Süß! Ich reite ihn zuerst!"

Sylvia nahm dies als selbstverständlich, doch Karin protestierte. „Das geht nicht. Er hat gestern und vorgestern gestanden, da ist er heute sicherlich ziemlich aufgekratzt. Ich kenne mein Pferd schließlich besser als du und weiß, wie man es zu behandeln hat."

„Blödsinn. In meiner alten Reitschule durfte ich Camillo reiten, das schwierigste der Pferde, also werde ich wohl mit so einem Halbpony zurechtkommen!"

Karin wollte nicht unhöflich sein und ließ Sylvia schließlich doch den Vortritt. Die Mädchen machten Goldstern zum Reiten fertig und führten ihn auf die Koppel. Der Schimmel tänzelte etwas herum, war aber sonst recht brav.

Karin hielt ihn fest, und Sylvia stieg auf. Sie plumpste in den Sattel. Dann nahm sie sofort die Zügel auf und ritt an. Nach einer halben Runde stieß sie Goldstern wie einem alten Schulpferd in die Seite. Der Wallach machte einen Satz nach vorne, Sylvia zerrte an den Zügeln und brachte ihn zum Schritt.

„Ist der immer so verdreht?"

„Nein. Goldstern ist doch kein Droschkengaul! Laß ihm zuerst einmal die Zügel lang! Er muß sich zuerst einlaufen! Dann gib ihm eine vorsichtige Hilfe, er gehorcht auf jeden Schenkeldruck. Und wenn er durchgeht, gib ihm Paraden, aber zieh nicht so im Maul. Außerdem mußt du die Knie zumachen und die Fußspitzen nach innen drehen."

„Hab ich doch!" Mit beleidigtem Gesichtsausdruck ritt Sylvia weiter in ihrem alten Stil. Sie schien sich von Karin nichts sagen zu lassen. Nach einigen Minuten trieb sie Goldstern wieder zum Trab und dann zum Galopp. Der Schimmel rannte völlig unkontrolliert und schwenkte plötzlich in die Bahnmitte. Sylvia rutschte aus dem Sattel und lag im Gras.

„Hast du dir weh getan?" fragte Karin.

Doch Sylvia stand auf, packte Goldstern, der stehengeblieben war, am Zügel, riß kräftig daran und brüllte: „Du Miststück, das wirst du büßen!" Damit schlug sie ihn mit der Faust aufs Maul.

Der Schimmel wieherte auf und riß sich los. Dann galoppierte er verstört umher. Karin sagte gar nichts, sie fing nur ihr Pferd ein, gab ihm eine Karotte und beruhigte es. Dann schwang sie sich in den Sattel. Leicht trabte der

Wallach auf dem Hufschlag. Nach kurzer Zeit bog er den Hals und kaute auf dem Gebiß. Karin ließ ihn galoppieren, entspannt drehten sie Runde um Runde. Sie lenkte ihn vorsichtig auf den Zirkel, dann parierte sie durch zum Trab und zum Schritt. „Ich glaube, es geht auch ohne Schläge!“ sagte sie kühl zu Sylvia, ließ sie stehen und ritt dann ihrer Schwester nach in den Wald.

Vater gesucht!

Schnell war das Wetter umgeschlagen. Es kam nun die Zeit der Herbststürme und Hubertusjagden. Der Reitverein mußte dabei ohne Karin auskommen, sie mußte mit Astrid wegen einer Grippe das Bett hüten. Eine Woche lang mußten die Schwestern auf das Reiten verzichten, doch dann waren die Herbstferien und einige sonnige Tage da.

„Hey, ein Brief von Pia-Luisa! Die feine Dame läßt sich herab, uns zu schreiben!“

„Zeig her.“

Die Mädchen beugten sich über den rosafarbenen Briefbogen mit Blümchenaufdruck und lasen:

„Hei, Kusinchen! Sicher seid Ihr überrascht, einen Brief von mir zu erhalten. Das hat folgenden Grund: Ich habe ein neues Pferd! Es ist ein 4 Jahre alter Hengst, bildschön (Foto liegt bei) und mit L-Ausbildung. Mit ihm fahre ich in wenigen Tagen in ein Ausbildungslager. Während dieser Zeit habe ich keinen, der Prinz versorgt. Ich wollte ihn eigentlich verkaufen, aber das ging nicht so schnell, wie ich dachte, weil keiner der Interessenten mir bisher zugesagt hat. Nun wollte ich Euch bitten, ihn in den Ferien zu versorgen. Reiten dürft Ihr ihn dann auch. Entscheidet Euch schnell! Pia-Luisa. PS. Sagt Eurem Vater, daß seine Idee gut ist. Er soll mich mal anrufen."

„So, Prinz sollen wir versorgen!"

„Ich würde ihn nehmen. Dann könnte ich endlich wieder Springen üben. Mit Lisa geht das ja noch nicht."

„Könnt ihr mir vielleicht mal verraten, worum es eigentlich geht?"

„Hier, lies, Vater!" Astrid gab Herrn Berrin den Brief, der ihn kurz überflog.

„Von mir aus dürft ihr Prinz nehmen. Der Bauer hat hoffentlich noch ein Plätzchen frei."

„Danke, Vater! Das werden herrliche Ferien. Was hast du denn für eine Idee?"

„Idee? Was für eine Idee?"

„Na, in dem Brief steht doch was davon!"

„Ach so, das meinst du. Ich habe mit dem Gedanken gespielt, Lisa decken zu lassen. Das Fohlen können wir dann großziehen, und du hättest ein Reitpony. Aber wie gesagt, nur ein Gedanke."

„Man, das wäre doch prima! Dann käme Leben in die Bude!" Karin und Astrid waren völlig aus dem Häuschen. „Vati, bitte! Ich hätte so gerne ein Fohlen!" rief Astrid.

„Wir werden sehen. Aber wenn ich es mir so recht überlege . . . Du hast doch im November Geburtstag."

„Oh danke, danke, Vati!" jubelte das Mädchen und fiel Herrn Berrin um den Hals. Doch dann kam Astrid ein Gedanke: Würde die Belastung der Stute nicht zuviel werden? Doch der Vater beruhigte sie; er habe schon mit dem Tierarzt gesprochen und dieser habe nichts dagegen einzuwenden gehabt.

„So, nun will ich mal Pia-Luisa anrufen und ihr wegen Prinz zusagen."

„Und der Stall?"

„Ach so! Na, dann lauft mal schnell rüber und fragt nach!"

Das ließen sich die Mädchen nicht zweimal sagen – fünf Minuten später standen sie vor dem verblüfften Bauern und machten ihm wortreich, aber ziemlich verworren klar, worum es ging.

„Soso, den Prinz wollt ihr herholen? Tja, das tut mir aber leid, mein Stall ist jetzt voll. Ich habe das Jungvieh schon wieder von den Weiden geholt."

„Können wir ihn nicht in die Scheune stellen?" fragte Karin hoffnungsvoll.

„Mädchen, wie stellst du dir das vor? Da ist doch Stroh drin! Neee, das geht auch nicht. Aber Moment mal – ihr könntet das Pferd in einen leeren Schweinekoben bringen! Im Augenblick habe ich nur eine Sau und ein paar Ferkel."

Das wiederum lehnten die Schwestern ab. Den Schweinestall wollten sie einem Pferd wie Prinz nun doch nicht zumuten.

Unverrichteter Dinge und ziemlich geknickt kamen sie wieder zu Hause an.

„Und?" fragte die Mutter gespannt.

„Nichts. Alles besetzt."

„Schade. Ich sage Pia-Luisa Bescheid." Herr Berrin telefonierte kurz, dann meinte er: „Es ist gar nicht mehr nötig, daß ihr Prinz versorgt. Sie nimmt ihn mit ins Reitlager. Ihr neues Pferd könnte ja mal lahmen oder sonst was haben, da braucht sie Prinz doch."

„Natürlich. Für normale Schulpferde ist sie zu gut", spottete Karin.

„Dafür hat sie allerdings einen Norwegerhengst für Lisa ausfindig gemacht."

„Ja? Wo steht er? Wie heißt er? Ist er ein Springer? Wie alt?"

„Langsam, langsam!" Der Vater konnte sich nur mit Mühe ein Grinsen verbeißen. „Also: Er steht in Lindau und ist 14 Jahre alt. Mehr hat sie nicht gesagt."

„Das ist aber ganz schön weit weg!" meinte Astrid unsicher.

„Das denke ich auch. Deswegen sehen wir uns lieber ein paar andere Hengste in der näheren Umgebung an."

„Wo denn?"

„Was weiß ich. Vielleicht weiß Herr Möller einen Rat. Ich rufe heute abend noch im Reitstall an. Seht jetzt zu, daß ihr eure Schularbeiten gemacht bekommt und versorgt dann die Ponys."

„Hier ist es." Herr Berrin hielt an, und alle kletterten aus dem Wagen. Hier, auf dem „Roßhof" wollten sie sich verschiedene Hengste anschauen. Alle anderen Norweger, die Astrid davor gesehen hatte, waren unheimlich fett gewesen, manche hatten noch nicht einmal einen Abstammungsnachweis. Vielleicht würde sie hier das passende Pferd finden.

Astrid und Karin sahen sich um. Neben einem ganz normalen Bungalow stand ein größerer Schuppen, dem Geruch nach zu urteilen, der Stall. Dahinter befanden sich drei oder vier schlammige Weiden, die mit Stacheldraht eingezäunt waren. Alles machte einen verwahrlosten Eindruck.

Ein etwa 17jähriges Mädchen in dreckigen Jeans und einem schmuddeligen Pullover kam aus dem Stall. Es stutzte, als es die Familie sah, nickte ihnen aber dann freundlich zu.

„Guten Tag. Ich bin Iris Körber."

„Guten Tag. Mein Name ist Berrin. Wir sind gekommen, um uns Norwegerhengste anzuschauen."

„Ach so, ja, ich erinnere mich. Bitte warten sie einen Moment, ich hole meinen Vater." Das Mädchen riß die Haustür auf und brüllte: „He, Daddy, kommst du mal eben? Hier sind Kunden!"

Wenig später trat ein kräftiger Mann zu ihnen. „Ach, hallo, Herr Berrin!" röhrte er. „Gehen wir doch gleich in den Stall. Wissen sie, wir haben für jeden das richtige, sie werden staunen!" Er öffnete schwungvoll die Stalltür und ließ sie eintreten.

„Ach du meine Güte!" entfuhr es Karin. Es sah wirklich schlimm aus. In schmalen, total verdreckten Ständern waren Pferde und Ponys aller Farben und Rassen angebunden. Die Luft war schwer und feucht, im ganzen Gebäude stank es nach Mist.

„Na, wie finden sie meine Schützlinge? Prächtige Pferdchen, wie?"

„Wo sind die Hengste?" fragte Herr Berrin kühl. Angesichts dieser Umstände wollte er dem Hof möglichst schnell wieder den Rücken kehren. Seine Familie dachte genauso.

„Hier wäre schon der Erste. Baldur heißt er, ein prächtiges Dressurpony!"

„Das ist aber doch kein Norweger!“ brach es aus Astrid heraus.

„Nein, wieso auch? Es ist eine Kreuzung zwischen einen Shetty und einem Isländer.“

„Wir wollten aber einen reinrassigen Norweger“, erklärte Astrid unbeirrt. Diesem Tierquäler würde sie bestimmt kein Deckgeld geben! So miese Pferde hatte sie schon lange nicht mehr gesehen. Da kam einem ja das Mittagessen hoch!

„Auch gut, dann sehen sie sich Hanscha an.“ Gleichgültig führte Herr Körber sie weiter nach hinten und deutete auf ein mageres Pony. Astrid und Karin konnten kaum seine Farbe erkennen, so verdreckt war es. Astrid wandte den Kopf, um nicht hinschauen zu müssen, so leid tat ihr Hanscha. Plötzlich blieb ihr Blick an einem hellbraunen, zierlichen Pony hängen. Es schien in einem recht guten Zustand zu sein und blickte klar und deutlich. Sie ging zu ihm hin und gab ihm eine Karotte.

„Wie bist du bloß hierhergekommen!“ flüsterte sie ihm zu und strich ihm über die Mähne. Karin kam auch heran.

„Süß ist der. Ganz goldig!“

„Na, der gefällt euch, was?“ dröhnte auf einmal Herrn Körbers Baß neben ihnen. „Prima Pferd, mit Stammbaum. Ich will ihn verkaufen. Ein Wallach, 3jährig. Hab’ ihn vor zwei Wochen auf einer Auktion versteigern wollen, bin ihn aber nicht losgeworden. Habe wohl selbst zu viel mitgeboten. Naja, sie könnten ihn haben!“

„Wir sind nicht zum Pferdekaufen hierhergekommen, vielen Dank. So, kommt jetzt, wir gehen. Auf Wiedersehen.“

„Wiedersehen.“

Alle stiegen ins Auto, und der Vater ließ den Motor an. Da beugte sich Herr Körber zum offenen Fenster und sagte: „Wenn sie es sich nochmal überlegen, der Rotbraune ist sehr billig!“

Ohne zu antworten fuhr Herr Berrin davon.

„Ein armes Pony, aber ich sehe nicht ein, warum ich es kaufen sollte. Naja, vergessen wir diesen schrecklichen Hof und besichtigen wir hoffnungsvoll den nächsten Bewerber.“

Der nächste war ein prächtiger Hengst: Groß und kräftig gebaut, mit prächtigem Fesselbehang und einer dichten Stehmähne. Sein Fell war bemerkenswert hell, er sah fast wie ein Schimmel aus.

„Schöne Augen hat er!“ fand Karin.

„Warten wir lieber ab, wie er geht, ich brauche schließlich ein Reitpony.“

„Ambassador hat herrliche, weit ausgreifende Schritte“, bemerkte die Besitzerin, eine junge Frau, lächelnd. „Ich mache ihn schnell fertig und führe ihn dann vor.“

Ambassador ließ sich brav satteln und zäumen. Er blieb auch ganz ruhig, als Frau Miano ihn auf den Reitplatz führte.

„Und, wie findest du ihn?“ fragte der Vater Astrid.

„Ganz große Klasse. Wenn er jetzt noch schöne Gänge hat, nehme ich ihn.“

„Mir gefällt er auch sehr gut. Wie gesagt, auf seinen Gang kommts jetzt an.“

Und Ambassador enttäuschte sie nicht. Er lief mit riesigen Schritten und warf die Beine meterhoch. Auch springen konnte er. Ja, Ambassador sollte Lisa decken!

„Meine Güte, du bist ja völlig aus dem Häuschen!“ lachte Frau Berrin, als Astrid auf der Rückfahrt Ambassadors Vorzüge in allen Farben rühmte, obwohl sie, die Mutter, nichts besonderes an dem Hengst hatte finden können.

„Na und? Hach, wie es springt! Ob der arme kleine Braune das auch kann oder ob er ein Dressurpferd ist?“

Angesichts dieses plötzlichen Themawechsels blickte Frau Berrin ihren Mann verblüfft an.

Der räusperte sich. „Was soll denn das nun schon wieder, Astrid?“

„Hm, weißt du, das soll nur, daß er mir so gut gefallen hat.“

„Ja, ich fand ihn auch so schön!“ stimmte Karin zu.

„Das sind ja ganz neue Töne! Seit wann begeistern sich meine Töchter für so ein heruntergekommenes Jungpferd?“

„Er ist so süß.“

„Aha, und?“

„Wir würden ihn gern kaufen“, erklärte Karin schlicht.

Da verschlug es den Eltern schlichtweg die Sprache. Endlich sagte der Vater: „So, kaufen! Und Lisa und Goldstern? Die sind euch wohl nichts mehr wert, oder wie?“

„Entschuldigung.“ Mehr sagten die Schwestern nicht, und auf der Heimfahrt schwiegen alle.

Der arme kleine Braune

Doch das Thema war noch keinesfalls erledigt. Am Abend zählten Karin und Astrid heimlich ihre Ersparnisse und die Eltern führten wenige Tage später ein Gespräch.

„Das Pony war doch wirklich hübsch, nicht wahr?" fragte die Mutter verzagt.

„Mein Gott, jetzt fängst du auch noch damit an! Ja, es sah als einziges der Tiere einigermaßen gepflegt aus! Okay, wegen mir war es auch hübsch, aber was soll das?"

„Ich habe das Gefühl, die Kinder wünschen sich dieses kleine Pferd. Ich war gestern in ihrem Zimmer, um irgend etwas zu holen, da fand ich diesen Zettel. Lies mal!"

„329,82 – 500 DM Futter monatl. 70 DM Ausstattung? Was ist das?"

„Merkst du denn nicht? Die Mädchen haben sich aufgeschrieben, wieviel das Pony kostet. Hier, 329 DM haben sie gespart, 500 kostet das Pony. Und das sind die Futterkosten im Monat."

„Die scheinen ja wirklich einen Narren an dem Tier gefressen zu haben. Jetzt weiß ich auch, wohin sie jetzt in den Herbstferien so oft verschwinden. Sie wollen Geld verdienen! Das hätte ich nicht gedacht."

„Können wir es nicht kaufen? Einfach so."

„Nein, das geht wirklich nicht. Sieh das doch mal von der anderen Seite: Wohin damit? Der Bauer hat einen vollen Stall! Dann: Woher das Geld nehmen? Außerdem ist es wohl noch nicht zugeritten. Nein, das geht wirklich nicht!"

„Du wiederholst dich. Was sagst du zu meinem Vorschlag: Die hintere Ecke in unserem Garten, über die du immer schimpfst."

„Du meinst die mit den Brennesseln und dem Feuerdorn?"

„Ganz recht. Also, in diese Ecke könnte man doch ganz toll einen kleinen Stall bauen."

„Einen was?"

„Einen Stall. S T A L L."

„So. Und wie stellst du dir das vor?"

„Ganz einfach. Zuerst machst du das ganze Zeug weg und verbrennst es. Dann bestellst du im Sägewerk Holz, am besten Restholz, das ist gerade im Angebot, bestellst ein paar Handwerker und baust mit denen einen Stall. Am besten gleich für vier Pferde, dann fällt für uns die Stallmiete weg und Lisas Fohlen kann auch einziehen."

„Moment. So schnell geht das ja nun auch wieder nicht. Vier Pferde für unsere beiden ist nun wirklich zu viel!"

„Ich dachte nur, wo wir doch bald Nachwuchs bekommen . . ."

„Mein Gott . . . Wir bekommen . . ." Sprachlos vor Freude nahm Herr Berrin seine Frau in die Arme. Am gleichen Abend bestellte er das Holz.

„Hoho . . . Also der spinnt heute." Nach mehreren erfolglosen Versuchen, Goldstern zum Mitteltrab zu bewegen, gab Karin auf und ließ ihn tüchtig galoppieren.

„Das glaube ich. Er hat ja jetzt 4 Tage gestanden. Man kommt ja vor lauter Jobs gar nicht mehr zum Reiten", klagte Astrid und lenkte Lisa auf den Zirkel. „Ich hoffe nur, daß es sich auch lohnt. Nicht auszudenken, was passieren würde, wenn Herr Körber ihn schon früher weggäbe!"

„Das wäre wirklich blöd. Du, machst du Goldstern fertig, ich muß in die Metzgerei."

„Mach ich. Bis später!"

In den letzten Tagen mußten die Schwestern sich immer gegenseitig aushelfen. Und seit Karin das Glück hatte, nach Ladenschluß für gutes Geld das Geschäft zu putzen, mußte Astrid meist den Stalldienst verrichten. Auch heute machte sie sich gerne an diese Aufgabe.

„Nana, Goldstern, drängle doch nicht so! Ich verschütte doch den ganzen Hafer! Es ist kaum zu glauben, wie gierig du bist! Nimm dir doch ein Beispiel an Lisa!" Das Mädchen schüttete schnell einen kleinen Eimer Hafer in die Krippe und ging dann zu ihrer Stute."

„Na, meine Süße? Gut bist du heute gegangen, fast wie früher." Astrid teilte auch der Norwegerin ein Eimerchen Hafer, unter das sie Kraftfutter gemischt hatte, zu. Dann blieb sie noch ein bißchen in der Box und zauste der Stute die Mähne. „Nun werd doch endlich rossig! Wenn du Ambassador gesehen hättest, würdest du dich damit ein bißchen beeilen, er ist so ein schöner Hengst. Schade, daß man das so schwer bei dir bemerkt. Aber keine Angst, ich passe auf wie ein Luchs. So, dann laß es dir schmecken. Getränkt habe ich euch ja schon, da bleibt nur noch das Einstreuen."

Astrid öffnete einen Strohballen und verteilte ungefähr ein drittel davon gleichmäßig in Lisas Box. Sie hatte sich angewöhnt, nur einmal in der Woche auszumisten und sonst nur frisches Stroh aufzufüllen. Auch Goldstern bekam seinen Anteil. Das Mädchen pfiff fröhlich vor sich hin, gab jedem Pony noch Heu für die Nacht und räumte alle Geräte ordentlich weg. Dann fegte sie kurz die Stallgasse und kehrte die Halme in Lisas Box.

„So. Tschüß, ihr beiden, ich mache mich mal lieber aus

dem Staub, sonst komme ich morgen nicht raus. Schließlich muß ich ganz früh Werbeprospekte verteilen. Gut, daß der Junge krank geworden ist, sonst hätte ich überhaupt nichts zu tun! Gute Nacht!" Astrid schloß die Tür und machte sich auf den Heimweg. Dabei dachte sie immerzu: Lieber Gott, mach, daß wir den Braunen kriegen!

„Ach, Astrid, gut, daß du da bist. Komm, hilf Vati, den Feuerdorn wegzumachen", begrüßte Frau Berrin ihre Tochter.

„Wieso denn das? Die Ecke war doch immer so schön!"

„Wir möchten ein Gartenhaus bauen. Wenn dein neues Geschwisterchen größer ist, kann es dort spielen, und du und Karin, ihr könnt in ihm eure Geburtstage feiern. Wo ist übrigens Karin?"

„Och, die ist mit Goldstern kurz ins Gelände und dann will sie noch ein paar neue Hindernisse aufstellen", log Astrid. Die Mutter schaute sie prüfend an, sagte aber nichts. Das Mädchen half mit, bis es dunkel wurde.

Kein Wunder, daß Astrid am nächsten Morgen völlig verschlafen einen Packen Zettel in Empfang nahm und ihn so nach und nach im ganzen Ort verteilte.

Karin, die währenddessen den Stalldienst übernommen hatte, war gerade am ausmisten. Das war zwar keine besonders angenehme Arbeit, aber für die Pferde hätte sie noch ganz andere Dinge getan. Lisa und Goldstern grasten solange auf der Koppel. Ihren Morgenhafer, diesmal nur eine kleine Portion, hatten sie schon in aller Frühe vom Bauern erhalten.

„Du, Karin?" Die kleine Elli streckte schüchtern den Kopf zur Tür herein.

„Was denn?“ Die Dreizehnjährige stützte sich auf die Mistgabel und blickte ungeduldig zu dem Mädchen hin.

„Weißt du, ich würde heute gern mal reiten. Richtig reiten, nicht nur im Schritt. Astrid hat mich beim letzten Mal auch schon traben oder wie das heißt gelassen.“

„Warum fragst du sie denn nicht?“

„Na, heute ist doch nicht Samstag. Und außerdem mag ich mal Goldstern haben.“

„Nee, du, das geht nicht. Er ist viel zu temperamentvoll für dich. Aber vielleicht bekommen wir bald ein neues Pony.“

„Pa hat gesagt, er würde uns auch eins kaufen, wenn wir besser reiten könnten. Wenn ich ohne Longe traben kann, dann bekomme ich eins zu Weihnachten. Das kommt dann hier in den Stall. In die große Box, das will Klaus so. Er und Jana wollen ein großes Pferd, ein schwarzes.“

„Wie, wird hier der Stall besetzt?“

„Mmmm! Das wird toll, wenn ich reiten darf wann ich will. Und Klaus fliegt bestimmt runter!“ Die Kleine verschwand wieder und ließ eine ziemlich nervöse Karin zurück.

Das war natürlich schlecht! Wo sollten dann bloß Lisa und Goldstern hin? Ja, für den Braunen hätten sie schon irgendwo einen Platz gefunden, aber wenn nun alle hier raus mußten . . . Ach was, sie würde mit Astrid darüber reden, wenn sie kam. Dann fiel ihnen schon was ein.

Tatsächlich hatte Astrid auch sofort eine Lösung des Problems bereit: „Jetzt gehen wir zuerst mal zum Bauern und fragen nach, ob es auch wirklich wahr ist. Wenn ja, fragen wir nochmal im Dorf rund, wenn nein, ist ja alles in schönster Ordnung.“

Es dauerte eine Weile, bis die Schwestern den Bauern endlich aufgetrieben hatten.

„Guten Morgen!“

„Guten Morgen, Mädchen! Na, schon so früh auf den Beinen? Wo brennts denn?“

„Elli hat eben gesagt, daß sie bald ein eigenes Pony bekäme und daß wir dann unsere Pferde hier nicht mehr stehen lassen können!“ sprudelte Karin hervor.

„So? Das dürft ihr nicht so ernst nehmen. Vielleicht bekommt sie im Frühling mal ein Shetty, aber bis dahin ist ja noch lang. Da könnt ihr beruhigt sein. Ich muß wieder an meine Arbeit.“

„Auf Wiedersehen und vielen Dank!“ Die Schwestern rannten zurück in den Pferdestall und schleppten Putz- und Sattelzeug zur Koppel. Dann fingen sie die Pferde ein und banden sie an den Zaun. Das, so stand es in den Reitlehren, war zwar gefährlich, aber da die Schwestern nichts anderes hatten, ließen sie es drauf ankommen.

„Beeil dich, dann können wir heute morgen noch einen langen Ausritt machen!“ hetzte Karin.

„Tut mir leid, aber du weißt doch, daß ich mit Lisa vorsichtig sein muß. Sie ist sowieso so komisch heute!“

„Mensch, vielleicht ist sie rossig?“

„Klar! Daß ich nicht früher daran gedacht habe! Ich sage es gleich Vati!“ Astrid ließ ihre Stute wieder auf die Koppel und galoppierte durch den Nebel nach Hause. Plötzlich kam ihr der Braune in den Sinn, und ihr eben noch so fröhlich aufgeregtes Gesicht verdunkelte sich.

„Wenn wir ihn doch schon hätten!“ dachte sie. Astrid glaubte, ihn vor sich zu sehen, eingesperrt in diesem drekkigen, schmutzigen Ständer. Sie sah seine blanken, freundlichen Augen, den hübschen Kopf und die zierlichen Beine. Sie m u ß t e dieses Pony haben.

„Und, wie weit seid ihr mit dem Stall?“ Frau Berrin brachte den Männern eine Kanne Kaffee in den Garten. Der vierte Tag der Herbstferien war da – ziemlich kühl, aber trocken.

„Wir haben gerade den Boden abgemessen. Die Eck' hier ist zu klein – wenn do drei kleene Boxen eninn gehn solle, müsse mer mindestens noch drei Meter uff die Gemüsebeete oder de Rase“, gab der älteste der Gruppe bekannt. Seine Mitarbeiter nickten zustimmend.

„Von mir aus. Da, die Lauch- und Selleriereihen können weg und dann nehmen sie den Rest eben vom Rasen.“ Frau Berrin seufzte und verteilte ihren Kaffee. Herr Berrin war arbeiten und die Kinder im Stall. Wenn diese Männer nur ein bißchen voran machen würden! Wer wußte, wie lange das Wetter noch hielt, bis dahin mußten die gröbsten Arbeiten erledigt sein!

Doch das Wetter blieb gut, und der Bau kam zügig voran. Es dauerte nicht lange, und der Rohbau stand da.

Astrid und Karin, die nichts ahnten, nahmen weiterhin alle Jobs an, die sie finden konnten.

Und heute waren die Herbstferien zu Ende.

„He, ihr beiden, aufstehen! Wir haben schon gleich halb sieben! Los ins Bad! Das Pferdefüttern nehme ich euch heute ausnahmsweise ab. Tempo!“ Frau Berrin zog den Mädchen die Bettdecke weg und scheuchte sie ins Bad. „Ordentlich waschen und Zähneputzen nicht vergessen!“ befahl sie und deckte dann flott den Frühstückstisch. Fünf Minuten später erschienen die Schwestern.

„Wo ist denn die Himbeermarmelade?“ Karin schaute sich suchend um.

„Keine mehr da. Hier nimm den Käse und beeil dich! Astrid, du hast noch Zahnpasta im Gesicht!“ Wie immer ging es ziemlich hektisch zu. Der Vater war schon auf der Arbeit, er hatte Frühdienst und mußte schon um 6 Uhr anfangen.

„Tschüß, Mam! bis heute mittag!“ Die Schwestern schnappten ihre Schultaschen und rannten so schnell sie konnten zum Rathaus, um den Bus noch zu erwischen.

Eine Überraschung für Karin und Astrid

„Und, wieviel haben wir?“ fragte Astrid gespannt. Karin runzelte die Stirn. „Verflixt, jetzt habe ich meine Zahl vergessen und muß noch mal von vorne anfangen! Sei doch mal ruhig!“ Erneut begann sie zu rechnen und sortierte die vielen Scheine und Münzen, die auf dem Fußboden lagen nochmal.

„Fünfhundertachtundvierzigmarkzweiunddreißig“, sagte sie dann.

„Ich habe hier noch hundertvierundzwanzigmarkfünfzig.“

„Also 672,82 DM“, stellte Karin fest. „Das würde ganz knapp reichen.“

„Rufen wir den Händler an?“

„Du spinnst wohl? Zuerst müssen wir einen Stall für ihn finden.“

„Warum? Eine der verfallenen Garagen wäre gut. Du weißt doch, die in Ginks Garten.“

„Ach die. Ne, wenn, dann in einen ordentlichen Stall. Frag doch mal – schließlich hast du in drei Tagen Geburtstag."

„Ich habe doch schon das Fohlen bekommen. Frag du doch!"

„Mein Geschenk war Goldsterns Ausbildung bei Frau Murray."

Eine Zeitlang schwiegen die beiden Mädchen, dann sagte Astrid: „Also ich rufe jetzt den Händler an, ob der Braune noch da ist."

Sie ging nach draußen und holte das Telefon ins Zimmer. Schließlich brauchte von den Erwachsenen keiner etwas von ihren Plänen zu erfahren. Sie nahm den Hörer ab und wählte. Tuuut . . . tuut „Körber. Pferdehandlung."

„Guten Tag, Herr Körber. Hier spricht Karin Berrin. Sie erinnern sich doch? Es geht um den brauen Wallach", sagte Karin.

„Wie? Äh, natürlich. Das tut mir aber leid! Vor ein paar Tagen hat ihn ein Herr für seine Kinder gekauft. Du weißt ja, daß so ein Prachtpferd nicht lange unverkauft bleibt!"

„Verkauft?" fragte Karin ungläubig und warf ihrer Schwester einen entsetzten Blick zu. „Ich hatte fest damit gerechnet, daß wir ihn bekommen!"

„Nun, da muß ich die jungen Damen leider enttäuschen. Ihr hättet eben früher anrufen müssen!"

„Wissen sie denn wenigstens die Adresse?" Karin war schon ganz verzweifelt.

„Hör mal, Mädchen, ich frag' nicht lange nach Adresse

und Telefonnummer, der Gaul ist weg, basta! Sucht euch doch einen anderen, wenn ihr unbedingt einen haben wollt. Ich habe keine Zeit, mir dein Geschwätz noch länger anzuhören." Es wurde aufgelegt.

Auch Karin legte auf. Sprachlos starrten sich die Geschwister an. Astrid kamen zuerst die Worte wieder: „Verkauft hat er ihn also – direkt vor unserer Nase!" rief sie zornig und traurig zugleich. „Hätten wir doch bloß früher angerufen! Ich könnte den Kerl erwürgen!"

„Ich auch. Ich habe mir doch zusagen lassen, uns vor einem Verkauf Bescheid zu sagen. Dieser fiese, gemeine Pferdequäler!" Ihre Stimme kippte und ging unversehns ins Weinen über. Auch Astrid ließ vor Enttäuschung ihren Tränen freien Lauf. „Und wir hatten uns so viel Mühe gegeben!" schluchzte sie.

Nach einer Weilc sagte Karin: „Jetzt brauchen wir uns wenigstens nicht nochmal auf Stallsuche zu machen."

„Du hast recht. Wenigstens etwas Positives. Komm, gehen wir jetzt lieber reiten. Was schenkst du mir eigentlich zum Geburtstag?"

Astrid wachte mit dem Gefühl, heute wäre etwas Besonderes, auf. Sie wußte auch was es war: Sie hatte Geburtstag.

Drüben im Nachbarbett schlief Karin noch selig. Heute war ein schulfreier Samstag – Ausruhetag! Astrid schmiegte sich also wieder in ihr Kissen, doch sie konnte nicht mehr schlafen.

„He, Karin!" Als Antwort bekam sie nur ein undeutliches Grumeln zu hören. „Dann eben nicht", dachte Astrid und stand auf. Sie würde jetzt ausreiten – das war am besten, um einen Tag zu beginnen. Sie schnappte sich einen Pulli und ihre Reithose und ging ins Bad. Nach einer erfrischenden Dusche polterte sie in die Küche.

„Astrid, warum bist du ausgerechnet heute so früh? Augen zu!“ rief ihre Mutter entsetzt. „Geh in dein Zimmer und warte bis wir dich holen, ja?“

„Okay, okay, ich geh ja schon!“ Lachend rannte Astrid zurück in das Zimmer. Nun war auch Karin wachgeworden.

„Happy Birthday, my sister! Hare are your present!“

„Thank you very much.“ Sie lachten beide. Astrid legte das Päckchen auf ihren Nachttisch, sie wollte es erst später öffnen. Karin zog sich schnell an. Gemeinsam warteten sie noch ein paar Minuten, dann kamen die Eltern herein.

„Viel Glück und viel Segen“, sangen sie, begleitet von dem Lachen ihrer Töchter.

„Herzlichen Glückwunsch zum Geburtstag wünsche ich dir, Astrid. Ein schönes dreizehntes Lebensjahr!“ Die Mutter drückte ihre Tochter fest an sich.

„Und viele, viele Pferde“, fügte Herr Berrin dazu. Karin gratulierte ihrer Schwester noch einmal, danach ging es in die Küche. Astrid mußte wieder die Augen schließen, während Frau Berrin schnell die Kerzen auf dem schönen Geburtstagskuchen mit der Zuckerschrift anzündete.

„Augen auf!“ kommandierte der Vater.

„Oh, super!“ Das sagte Astrid jedes Jahr, wenn sie den buntgeschmückten Geburtstagstisch zu sehen bekam. Es war aber auch wirklich herrlich, was Frau Berrin hervorgezaubert hatte: Eine Blumengirlande um den Platz des

Geburtstagskindes, zwölf wunderschöne Orchideen (Astrids Lieblingsblumen), verschiedene Kuchen und Teilchen und in hübscher Anordnung die kleinen Geschenke der Verwandten. Von den Eltern hatten die Mädchen die Pferde bekommen, das war genug.

„Ich darf gleich auspacken, ja?" fragte Astrid eifrig. Es wurde ihr gestattet, sie mußte nur warten, bis der Vater den Fotoapparat richtig eingestellt hatte. Dann aber riß sie das Papier von den Päckchen. Zum Vorschein kam eine blaue Pferdedecke, Bandagen, ein dickes Pferdebuch, Socken und drei bestickte Taschentücher (von Tante Paola). „Stark! Die Decke und die Bandagen muß ich meiner Kleinen nachher gleich anprobieren!" Das Geburtstagskind blies noch die Kerzen aus, was auch dringend nötig war, da schon Wachs auf den Kuchen tropfte.

„Wo ist denn ein Messer?" Astrid drehte sich suchend um.

„Willst du jemanden erstechen?" fragte Karin.

„Höchstens dich, dann kann ich mit deinen Fingernägeln den Kuchen anschneiden!"

Frau Berrin gab Astrid ein Messer, und diese schnitt vier große Stücke aus dem Kuchen heraus und verteilte sie. Karin bekam das mit dem meisten Wachs, worauf sie mit einem spöttischen „Danke" reagierte.

Als sie gerade anfangen wollten zu essen, sagte Herr Berrin plötzlich: „Laßt uns doch im Gartenhaus essen. Ich wette, ihr beiden habt es euch noch nie richtig angesehen!!"

„Das haben wir wirklich nicht!" rief Astrid verwundert. „Nichts wie hin!"

Alle marschierten zu dem länglichen, weiß gestrichenen Gebäude hinüber. „Wie ein Gartenhaus sieht das eigentlich nicht aus“, meinte Karin verwundert.

„Nein, eher wie ein Stall. Hier riechts nach Pferd!“

Lachend öffneten die Eltern die breite Tür und . . .

„Ein Stall!“ schrie Astrid entzückt. „Ein richtiger Stall für uns allein!“

„Astrid! Der Braune!“ Jetzt gab es für die Mädchen kein Halten mehr: Sie umarmten die Eltern und stürzten dann zu der letzten der drei kleinen Boxen. In ihr stand der Wallach aus Herrn Körbers Stall. Daneben waren Goldstern und Lisa untergebracht.

„Ich faß es nicht!“ stöhnte Astrid. „Ich faß es wirklich nicht! Drei Ponys und ein eigener Stall. Heute bin ich das glücklichste Mädchen auf der ganzen Welt!“

„Und ich auch“, fügte Karin hinzu.

ENDE